スッキリわかる!

# アドラー心理学

## 人生を変える思考スイッチの切り替え方

駒澤大学教授
八巻 秀 監修

ナツメ社

# はじめに

数多くある本のなかから、この本を手に取ってくださり、ありがとうございます。

今最も注目されているアドラー心理学とは、本当の幸福というものが見えにくくなっている現代社会のなかで、幸せに暮らしていくための方法を教えるもの。本書は、そんな「アドラー心理学」を、わかりやすく紹介し、その活用法などもていねいに解説した実践的な入門書です。

この本を読めば、約100年前にヨーロッパやアメリカで活躍した心理学者アルフレッド・アドラーの考え方や、その弟子たちによって発展した「アドラー心理学」の全体像を、よく理解していただけるでしょう。そしてぜひこの考え方を、仕事や家庭での日々の人間関係に生かしていただきたいと思います。

アドラーの「アドラー心理学」に対する思いがわかる、一つのエピソードをご紹介しましょう。

1930年代になってアメリカで活躍し始めたアドラーは、あるときニューヨークの医師会から、精神科治療のための研修講師に招きたいという依頼を受けました。アドラー心理学

ようこそ！
アドラー心理学
ワールドへ!!

の理論を、講義してほしいというのです。参加者は医師たちだけで、そこで教わったことは他の人には教えないという条件を提示されました。

しかし、アドラーはその申し出を断りました。アドラーは断る理由をこう言ったそうです。「私の心理学は、専門家だけのものではなくて、すべての人のものだ」

アドラー自身がそう話したように、アドラーの時代も、そして今も、アドラー心理学は「すべての人のもの」なのですね。

ですからこの本も、ビジネスパーソン、主婦・主夫、医療・福祉・教育・心理関係の専門家や研究者、学生、文化人や芸能人、年配の方々など、あらゆる人に読んでいただきたいのです。天国のアドラーもそう望んでいるはず(?)です。

どうぞこの本を読んで、アドラー心理学の考えを十分に味わってください。これを読み終わったとき、みなさんに活力や勇気が湧いてきて、生活がよりいきいきとすることを祈っています。よりハッピーな人生が送れますように。

アドラー心理学ワールドを、ぜひお楽しみください!

八巻　秀

# この本の使い方

この本では、臨床心理学士「八巻秀」先生の授業を受けている気分で、心理学を学べるようになっています。

## 特徴

POINT 1

### 大学の授業形式でわかりやすい！

先生の一言コメントから始まり、わかりやすい言葉で説明！　ポイントになる部分は太字やマーカーでチェック。まるでノートをとっているみたい！？

POINT 2

### 図解が豊富だからひと目でわかる！

アドラー心理学を初めて学ぶ人でもわかりやすいように、イラストや図を多用して易しく解説しています。図解を見ればひと目で理解できます！

POINT 3

### 便利＆楽しいコンテンツが充実！

マンガページでは、アドラー心理学を登場キャラクターの例でわかりやすく紹介。休み時間コラムでは、アドラーの人生をふり返ります。

# メインページの見方

授業時間は
ここで確認できます

ポイントになる部分は
マーカーで
チェックしています

重要な用語は
太字で示しています

4時限 人間関係の思考スイッチ切り替え法

苦手意識とつき合う ⑤

苦手な人とのつき合いは仕事と割り切る

全員と仲よくするのは無理と考えて

適度な距離感を保つ

相手に感じる苦手なイメージを上書き解消するのは簡単ではありません。その際に、「みんなと同じように仲よくしなければ」という**同調**圧力や、「みんなから認められたい」という**承認欲求**は持たないようにしましょう。みんなと同じようにするのは無理があります。くり返しますが、苦手な人はいて当たり前なのですから、それでよいのです。

かありません。仲よくなることはすっぱりあきらめて、割り切って接しましょう。敬意を払って任務をこなし、報告を忘れなければ、それ以上のことはしなくてよいのです。自分から、苦手であることをわざとらしくアピールすることは避けつつ、適度な距離感を保ちましょう。

あきらめるのも一つの方法

しかし親睦会《しんぼくかい》や部内行事などでは、仕事から離れた話題で話しかけられることもあるかもしれません。面と向かって冗談を言われても、苦しいものです。そんなときはあきらめましょう。

できる限りのつき合いはして、嫌な気持ちになったとしても、気にとめないことです。

苦手な人を相手にがんばるあなたの姿は、周りからもわかるものです。理解してくれる人とのつき合いを大切にするようにしましょう。

162

「みんな大好き」じゃダメ

すべての人と仲よくしなくてはいけないと思い込み、同調圧力や承認欲求という強迫観念にとらわれてはいけません。苦手な人はゼロにはならないのです。

同調圧力と承認欲求

みんなと仲よくならなくてはと思い込む気持ちの裏には、同調圧力と承認欲求という心の動きがあります。


苦手な人なんていない!
嫌われたくない!
手をつなぎたくないけど…


承認欲求
だれからも嫌われたくない、みんなから認められたいという心の動き。

同調圧力
みんなの仲がいいから、同じように自分も仲よくしなければという心の動き。

苦手な相手とのつき合い方

① 威圧感を減らす

関係の悪い相手と応対する際、真正面から向き合うと威圧感を与え緊張が生まれるため、横や斜め前から対話するのが有効です。

② 話題を書き出しておく

対面したときの威圧感や緊張感を減らす手段として、課題を記したホワイトボードや書類を介して話を進める方法もあります。

163

心理学用語やアドラーの名言、著書、論文を紹介しています

最初に先生が授業の概要をコメント！

さっそく
授業を
始めよう！

# もくじ

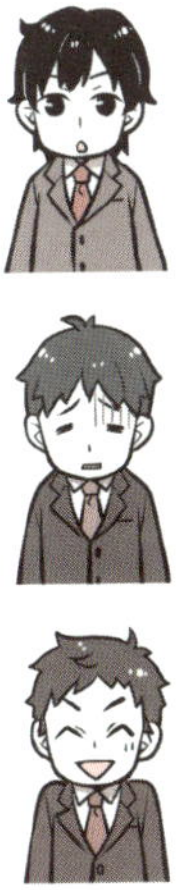

## アドラー心理学の考え方



# 2限 ありのままの自分とは

〈アドラー心理学マンガ〉



## ライフスタイル



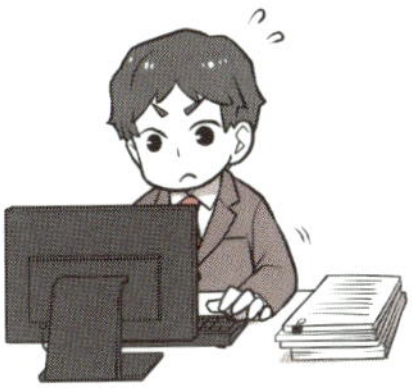

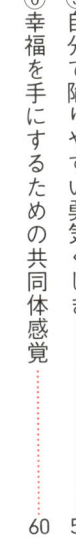

## 3限 自分を変える思考スイッチ切り替え法

## 5限 習慣づけで幸せな人生を手に入れる

## 登場人物紹介

**やまき先生**

心理学者。アドラー心理学で、イカリーたちの悩みにアドバイスする。

**猪狩《いかり》キリコ（イカリー）**

30歳の会社員。販売部主任で、部下にいつもいらだっている。

**氏内《うじうち》すなお（うじうじ）**

30歳。営業部の主任だが、思い通りに仕事ができないことに悩む。

ホームルーム①

# アドラーってどんな人？

## 心理学3巨頭の一人

アルフレッド・アドラーは、20世紀初めに活躍した心理学者です。

心理学者としては、**フロイト**と**ユング**がよく知られています。フロイトは、**無意識**を扱った最初の心理学者。ユングは、さらなる深層にある**普遍的無意識**などを研究しました。

アドラーも、この二人と並ぶ、同時代の心理学者です。アドラーは、良好な人間関係を築くための、優れた理論や心理療法を打ち立てました。最近でこそ注目を浴びていますが、それまでは、フロイトとユングに比べて、日本での知名度は決して高くはありませんでした。

しかしアドラーは心理学の分野で**個人心理学**（通称：**アドラー心理学**）を確立した心理学者と称され、ほかの二人とともに心理学3巨頭と呼ばれています。

フロイトや
ユングと
同時代に
活躍したよ

## アドラーは「語った」人

アドラーの個人心理学は、無意識も意識も全部ひっくるめて、**分割できない一個人**としたところに特徴があり、のちの多くの心理学者に影響を与えました。アドラーの著作物は、決して多くはありません。アドラーの理論の多くは、アドラー自身の講演活動や、児童相談所などのカウンセリング活動で語られました。そんな活動から、アドラーは「語った」心理学者といえます。

**アドラーの論文**　**『神経症の器官的基礎』**　1906年にフロイトが主催した水曜心理学協会で、アドラーが発表したもの。

## アドラー以前の心理学

心理学の起源は古代ギリシャの哲学にある。哲学者プラトンが「人間の心と身体は別もの」という考えを提唱すると、「心」について研究する学者が登場するように。その後、一時衰退するが、14世紀からのルネッサンスの影響で、再び注目を集める。17世紀には哲学者のデカルトが「二元論《にげんろん》」、哲学者ロックが「連想心理学」を提唱。19世紀に哲学者ヴントが心理学と哲学を切り離して考え、近代心理学が成立。アドラーを始め、さまざまな学説が登場していく。

**アリストテレス**
(B.C.384 ~ B.C.322)

古代ギリシアの哲学者で、プラトンの弟子。心や身体について論じた『霊魂《れいこん》論』を著した。

**ヴント**
(1832 ~ 1920)

ドイツの哲学者。従来の哲学的な考えから、心理学を独立させた。「近代心理学の父」と呼ばれる。

## 心理学3巨頭

同時代に活躍した3巨頭。フロイトの主宰した研究会に参加したアドラーとユングは、当初はフロイトの考えに同調していましたが、のちに離別しています。

**アドラー**
(1870 ~ 1937)

オーストリアの精神科医。意識と無意識は対立することはないと主張。

個人心理学

**フロイト**
(1856 ~ 1939)

オーストリアの精神科医。無意識の心理を発見した、精神分析の創始者。

精神分析学

**ユング**
(1875 ~ 1961)

スイスの心理学者。無意識とは別に、普遍的無意識の存在を主張。

分析心理学

**アドラーの著書** 『器官劣等性の研究』 1907年にアドラーが出版。この著作で、フロイトの学説と対立しました。

ホームルーム②

# アドラー心理学ってどんなもの？

## 勇気づける心理学

アドラーの提唱した**個人心理学**では、人間の人格は、意識も無意識も分離不能と考えます（**全体論**）。相手の長所に気づいていても素直に認めなかったり、好きな人を困らせてみたり、人間の行動には、しばしば矛盾が見られるものです。でもこうした行動も、**欲求**を達成するためと見れば、統一が保たれているというのです。先の例でいえば、ライバルに負けたくない、好きな人に甘えたいといった欲求です。

人間だれしもが持つ欲求とは、「目的に向かうこと」です。アドラー心理学は、その人の目的を知ることで、その人の行動を理解します。

そしてその人の目標の立て方が誤っていれば、正しく修正し、その人が正しい目的に向かって歩んでいくための**勇気づけ**を行います。

## 自分を変えられる心理学

人間が目標を達成しようとしても、そう簡単にはいかないことがよくあります。それは、人間が社会で生きる動物だからです。人間関係が良好でないと、摩擦が生じたり、心がくじけて落ち込んだりすることもあるでしょう。

アドラー心理学は、そんなとき、自分を変えることで前に進める、と教えます。自分を変えて一歩を踏み出す。これがすなわちアドラー心理学の勇気づけです。

あらゆる感情や行動は目的に向かっていると考えているんだ

アドラーの論文 **『一般の人と神経症者における攻撃欲求』** 1908 年にアドラーが発表した論文。性的欲求と攻撃欲求が存在することを論じました。

## アドラー心理学は、たとえばこんな人に効く

「勇気の心理学」といわれるアドラー心理学は、あらゆる人の生きるヒントになります。特にアドラー心理学を学んでほしいのは、以下のような人たちです。

**つい感情的になってしまう（▶P.96）**

ささいなことで部下を怒鳴る、恋人に強くあたる、といった人。「怒る」という感情について見つめ直しましょう。

**なんでも人のせいにしがち（▶P.128）**

「部下に恵まれない」「同僚が非協力的」と愚痴を言う人。思い通りにいかないことを人のせいにしていませんか？

**自分はダメな人間だと思う（▶P.114）**

「身長が低い」「イケメンじゃない」「気が弱い」といった劣等感は、実は人として当たり前の感情なのです。

**なんでも一人で抱え込んでしまう（▶P.132）**

仕事を一人で抱え込んで、残業続きという人。「上手に人にお願いできたら…」と思いませんか？

**うまく自分の意見が言えない（▶P.186）**

争いが苦手で人の意見に従ってばかりいて、周りにふりまさわれているという人。意見を主張する方法を工夫しましょう。

**どうしても嫌いな人がいる（▶P.156）**

苦手な上司やクライアントとうまくつき合えないと困っていたら、視点を変えてみましょう。

アドラー理論に基づけば、あらゆる対人関係の悩みを克服できるはず！

**アドラーの論文** 『子どもの愛情欲求』 1908年にアドラーが発表した論文。人はだれでも愛情欲求を持ち、それが子どもの成長にも影響すると説きました。

巻頭マンガ

# アドラー心理学の誕生〈前編〉

## 生い立ちから医師になるまで

幼い頃のアドラーはくる病という、骨が曲がってしまう病気のために思うように体を動かすことができませんでした
お兄ちゃんは走ったり跳んだりできるのに…ぼくは…
おーい
このことはアドラーが劣等感（▼P.52）を感じた最初の体験だったといいます
劣等感？
そう、劣等感はアドラー心理学のとても重要な概念の一つです
くる病はその後ちゃんと治りましたよ！
4歳の頃1歳の弟を病気で亡くすという悲しい経験をします
その翌年にはアドラー自身も肺炎で生死の境をさまよいました
ハァ
ハァ
病弱だったんだね…
これらの体験をきっかけにアドラーは死についての関心を高め医学を志すことを決意したのです

9歳のとき
ギムナジウムという
中高一貫教育の
学校に入学します
医者になりたいんだろ?!
これ以上成績が
下がったら
許さないぞ!
えーん
しかし、両親が
アドラーを
1歳年上と
申告して
入学させたので
勉強についていけず、落第
してしまいます
ところがそんなある日
先生でも解けないくらいの
数学の難問を
アドラーが解いてしまった
ことがありました
はいっ
先生
ぼくわかるよ!
数学って
おもしろーい!
そのことがきっかけで
数学の楽しさを知り
苦手科目だった
数学の成績がぐんぐん
上がっていきました

この経験からアドラーは「特別な才能や生まれついての能力があるという理論は間違っている」ということを悟りました
だれでも何でも成し遂げることができるんだ！
18歳で念願のウィーン大学医学部に入学
講義のあいた時間には友人らとカフェで議論や談笑を楽しみました
この頃から社会主義に関心を持ち人は対等であると考え始めるようになりました
この考えこそがアドラー心理学の基本です
25歳で医師免許をとり、ウィーンで開業します
アドラーは内科医としてたいへん腕のいい医者になりました
へ〜
初めは心理学者ではなかったんだね
そうだったんですよ さ、続きは21ページへ！
はーい

休み時間 アドラーの人柄がわかるエピソード

# アドラーの育った家庭

1870年、オーストリアの裕福な穀物商の家に生まれたアドラー。
子ども時代の家庭環境や、親子・きょうだいとの関係は、
アドラー心理学の原点ともいえます。七人きょうだいという
大家族の次男として育ったことも、アドラーの社会性を育てました。

## ずっとライバル関係にあった兄

くる病※を患っていたアドラーにとって、優秀で健康な兄ジグムントは羨望《せんぼう》の的であり、ライバルでした。

しかし、長男であるがゆえに家業の穀物商を継ぐため、中等学校退学を余儀なくされるなど、自由に生き方を選べなかった兄は、夢をかなえて医師になったアドラーを憎んでいました。

## アドラーは母親を憎んでいた!?

アドラー自身の母親に対する最も古い記憶は「弟が死んだとき母が笑った」というものでした。

その結果、幼いアドラーは、母親を冷酷な人と見て長い間嫌いましたが、のちにそれが誤解だったことに気づき、「母は子どもたちを等しく愛していた」と訂正しています。

## アドラーに影響を与えた父の教育

アドラーの父親は、子どもたちの自由を尊重する主義で、子どもを罰することもなければ溺愛《できあい》することもなく、アドラーは民主的な雰囲気の家庭で育ちました。

アドラーが権威を嫌い、だれとでも対等に接したのは、父の影響が大きかったといわれます。

※くる病…骨のカルシウム不足などが原因で、骨が曲がったりやわらかくなったりする骨の病気。特に乳幼児期に発生することが多い。

巻頭マンガ

# アドラー心理学の誕生〈後編〉

## フロイトとの決別とアメリカでの成功

曲芸師のみなさんは本当に鍛え抜かれた肉体をしていらっしゃいますねやっぱり生まれつきの才能なんでしょうね～
いやいやそんなことないですよ！
ぼくは生まれつきすごく軟弱で逆上がりすらできなかったつらい経験もしてきました
でもその弱さを克服したくて人一倍努力して強い体をつくりました
その結果、今こうして活躍できている！ぼくはとても幸せです！
なるほど
生まれつきハンディキャップのある人ほど、その劣等感を補おうとする感情が働くのかこれを「補償《ほしょう》」（▼P.52）と名づけよう
ポーッ
アドラーは、この先天的なハンディキャップのことを器官劣等性《きかんれっとうせい》（▼P.52）と呼びました
おっ！ついに心理学に目覚めたんだね

37歳のとき『器官劣等性の研究』を出版
器官劣等性の研究 アドラー
フロイトはこの論文を評価しました
すばらしい！
お！
精神分析で有名な、あのフロイトだね！
いつの間に知り合いになってたの？
実はこの7年前に二人の出会いを引き寄せるあるできごとがあったんだ
当時『夢判断』を発表したフロイトは医者仲間から猛烈な非難を受けていました
夢？なんだよそれ！
しかしアドラーだけはフロイトを擁護
フロイトさんの『夢判断』は素晴らしい！
アドラーは救世主だったのか！
フロイトはさっそくアドラーを自身が主宰する水曜心理学協会に招待したんだ
週に一度、私の家で精神分析の勉強会をしているので、参加しませんか？
フロイトより
アドラー32歳フロイト46歳の出会いでしたしかし…

今日のテーマは無意識についてだ
今日のテーマ
「無意識について」
無意識とは人の深層心理だ
つまり、意識に反することもあると考えるが
きみたちはどう思うかい？
フロイト
わたしはそう思いません
意識と無意識は同じ目的に向かって生まれるものだと考えます
アドラー
うわぁ〜
この状態やばくない？
そうだよ
主催者のフロイトにはとりあえず賛成しておかないと〜
その通り
フロイトにも臆せず意見するアドラーは参加者のあおりも受けてフロイトにライバル心を抱かれてしまうんだ

人柄もよかったアドラーは
日に日に支持者を集め
40歳で精神分析協会の議長に就任
議長就任!!
一方フロイトは、アドラーと
共同編集長を務めていた
雑誌の出版社に
手紙を出しました
キーッ!
これ以上あいつと
いっしょに仕事をしたくない!
アドラーはすぐさま
編集長をおり
三人の仲間と
協会を脱退しました
アドラーくん
ほんとに
よかったのかい?
それを聞きつけたアドラー派の
会員はあいついで協会を脱退
えっ!?
アドラーが
脱退したって?
パワハラだ!
っていうか
フロイトのやつ
やり方が汚いぞ!
その晩アドラーは
お気に入りのカフェで
彼らが来るのを
待っていて
そこで祝杯を
あげたそうだよ
おまたせ!
おそいよ!
かんぱーい!
やあ
待っていたよ
翌年アドラーは、その仲間と
新しい精神分析グループ
「個人心理学会」を
つくりました

1914年第一次世界大戦でアドラーは軍医として戦場に向かい、悲惨な現実を目の当たりにします
でも国の命令だからね…きみにはもう少しがんばってもらうよ
もう戦いたくないよ〜
アドラーの仕事はそこに入院している患者が、再び兵役につけるかを医師として判断することでした
う〜…
眠れない…
なぜみんながこんなにつらい目にあわなくてはならないんだ
人と人が敵対し合っている状況この戦争こそがもっとも悲惨な世の中だ
だれもが人を敵ではなく仲間だと思えればきっと争いはなくなるのだろう…
そうか！それだ！理想の世の中をつくるには一人一人が持つこの共同体感覚（▼P.60）が重要なんだ！
ばっ
悲惨な状況にあったからこそアドラーは共同体感覚というだれもが幸せになるための思想にたどりつくことができたのです

終戦後、ウィーンの教育改革の一環としてアドラーは世界初の児童相談所をつくりました
どんな人でも無料でカウンセリングするよ困ったことがあったらいつでもおいで
先生〜
ええ
ええ
ぞ
このカウンセリングでアドラーがつくった個人心理学（▼P.12）が一気に知名度をあげることになったんだよ
本の執筆や、講演が増え有名人となったアドラーはアメリカ講演に招かれます
ぜひアメリカにも来てください
Hey カモ〜
OK!!
OK！…とはいったものの英語なんて話せないぞ？
アメリカで講演するために過密スケジュールのなか毎日、必死で英語のレッスンをしました
Hello!
Hello!
英語が話せないから講演を断るというのはただのいいわけになってしまう
初めから課題をあきらめてしまってはならない！
アドラーは自分自身で楽観主義（▼P.111）を実践したんだね
アドラーを見てると勇気が湧いてくるなぁ！

アメリカでは、アドラーの講義や名言を編集した本『人間知の心理学』がたちまちミリオンセラーに
この本が大ヒット!
心理学ってなんだかむずかしそう…おもしろいのかな?
それがね! この本はわたしたちでもわかるように簡単に解説してるのよ
そう、
専門用語を使わないことは個人心理学の特徴だったんだ
アドラーは59歳のときアメリカに移住することを決意しました
Let's go ニューヨーク!
アメリカという国はぼくの思想をさらに革新させる!
晩年のアドラーは時間を惜しまず講演・診療をこなし昼夜休まず働きました
そして67歳でその生涯を終えました
アドラー心理学はこんなに前から人気があったんだね
ホント! わたしももっと知りたくなっちゃった
それじゃ、これからアドラー心理学を詳しく解説していくよ!

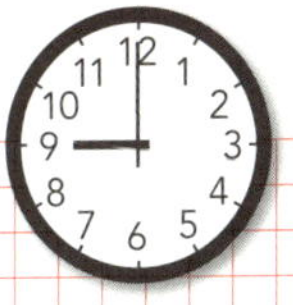

# 1限 アドラー理論超入門

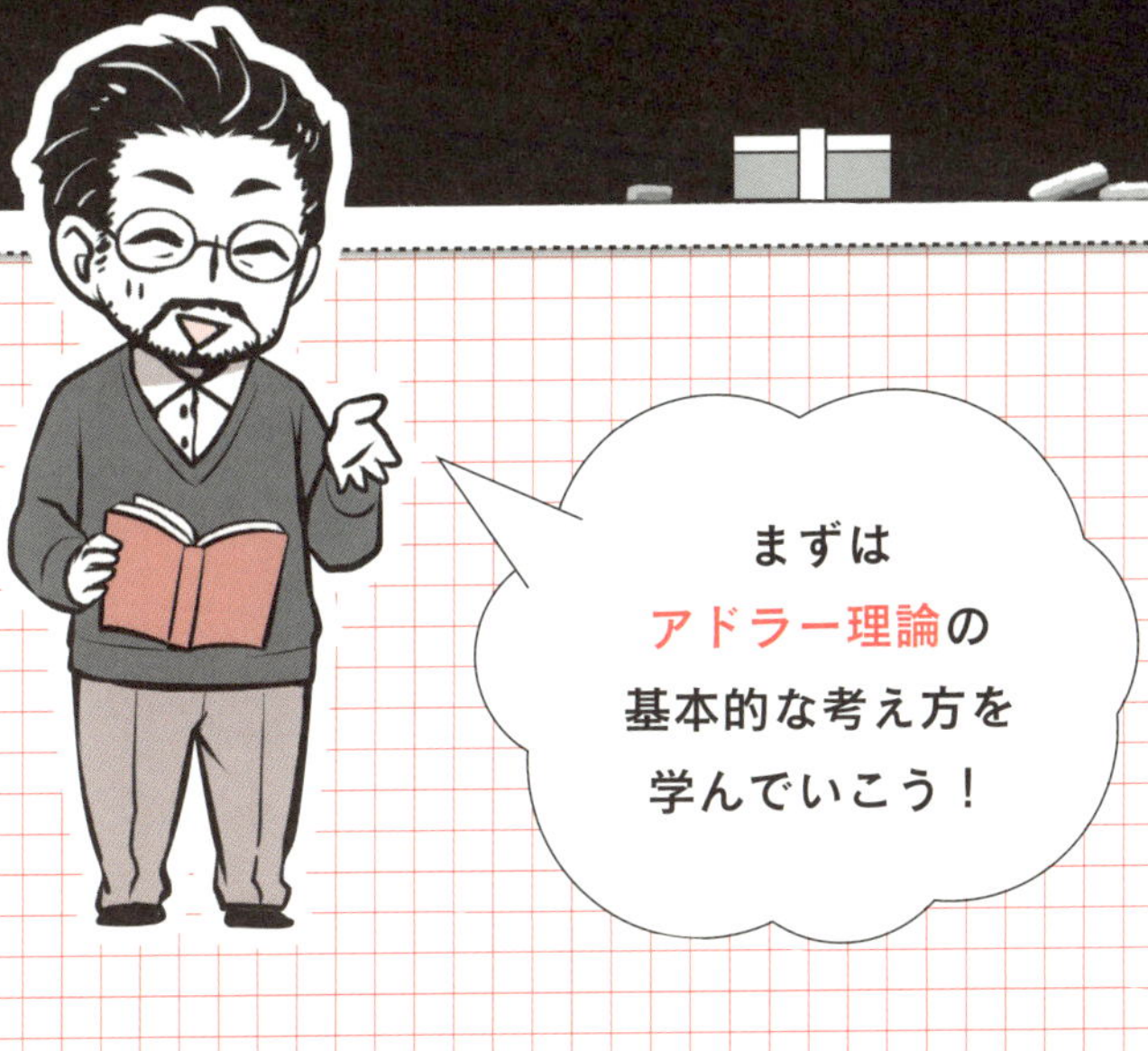
まずは
アドラー理論の
基本的な考え方を
学んでいこう！

アドラー心理学マンガ

# アドラー心理学の考え方とは

おい、氏内
ちょっと
こい！
は、はい…
早く！
な、
なんで
しょうか…
説教１時間
氏内《うじうち》すなお
新規契約がとれないのは
ぼくが消極的だからだ…
いつもいつも
失敗ばかりなのは
ぼくがダメな
人間だから
だろう
悩み：落ち込みやすい
通称：うじうじ
ずーん

なるほど
お二人の悩みは
やまき
カウンセリング
ルーム
よくわかりました
やまき先生
うじうじとは
大学時代からの
友だちなんです
性格が正反対なので
妙に気が合って…
じっ
彼はつまらないことで
落ち込むので、よく仕事を
やっていけるなぁと思います
じっ
イカリーは、すぐ怒るから
社内の人間関係がうまく
いってるのか心配だよ
すっ
プイッ
まあまあ

← いざ、人生を変えるアドラー心理学ワールドへ！

アドラー理論の基本 1

# 人間関係とは何か

## わたしたちを悩ませる人間関係

**「人間の悩みはすべて人間関係」**。アドラー心理学では、悩みをこう端的にとらえています。

　仕事がうまくいかないから悩む。これもよくよく考えれば、仕事上の人間関係の摩擦《まさつ》が原因のこともあるでしょう。また、人と比較して、自分の能力に自信をなくしていることもあるでしょう。恋愛についての悩みも、結局は人間関係にほかなりません。

　逆に考えると、人間関係が楽になれば、人間の悩みはほぼ消えるという理屈になります。この人間関係を、アドラー心理学ではどのようにとらえているのでしょう。

## 人間関係の4大要素

　アドラー心理学では人間関係を**①自分、②相手、③関係、④環境**の四つの要素でとらえます。

　①は、自分が自分をどうとらえているかということで、これも人間関係の大事な要素です。そして②は、相手が自分をどう受けとめているか、ということ。

　④は自分自身の置かれている場面、③はその場面における他者との関係です。上司と部下、先輩と後輩、同僚、友人、恋人といったつながりを指します。

　人間関係は、ごくシンプルにとらえると、この四つから成立するとアドラーは考えました。

すべての悩みは
人間関係に
原因があると
考えたんだね

アドラーの著書　『人はなぜ神経症になるのか』　1929年に発表されたもの。アドラーが書いた講義ノートの内容を、編集者がまとめました。

## 人間関係の4大要素とは

人間関係を構成する要素は、以下の四つに分けられます。

### ❶ 自分

……

自分自身をどう把握しているのか。努力次第だが、最も変えやすい要素。

### ❷ 相手

こいつはいつも失敗をする
自分
上司

相手が自分のことをどう見ているか。自分の努力では、なかなか変えられない。

### ❸ 関係

上司
自分

上司と部下など、自分と相手との関係。方法によっては関係が悪化する場合も。

### ❹ 環境

自分が所属している生活環境。変えるためには、大きな決断が必要。

アドラーの著書 『生きる意味を求めて』 アドラーが亡くなる4年前の1933年に出版された著作。アドラーの最後の大作になりました。

アドラー理論の基本 ❷

# 最も変えやすいのは自分自身

人間関係の
４大要素のうち、
どれが一番
変えやすいだろう

## ４大要素を変えて人間関係を改善

わたしたちが悩むとき、つまり人間関係に苦しむとき、どう解決していったらよいでしょうか。それは**４大要素**（▼P.34）のうち、どれかを変えることです。

④の「環境」を変えるというのは、職場や学校などを移ることです。可能ではありますが、次の環境がよくなる保証はありません。

③の「関係」を変えるというのは、上司と部下、先輩と後輩といった立場関係を、これまでと別ものにすることです。人事発令で地位が逆転するといったことがない限り、自ら変えることはむずかしいでしょう。

## 「相手」は変えられそうで変えにくい

②の「相手」はどうでしょう。相手が自分をどうとらえているかですが、わたしたちはたいていこれを変えたいと望むものです。上司や先輩に、夫や妻、子どもにこうあってほしい、ああしてほしい、そうすればうまくいくのに、と願います。しかしそれが容易でないことは明らかです。直接面談しても、人を介しても、逆効果な場合もあり、しこりが残ることもあります。

残る方法は①の「自分」を変えることです。アドラー心理学では、自分自身を変えることが大きなテーマです。それが人間関係改善には、最も簡単で確実な方法であるとしています。

アドラーの著書　『子どもの教育』　子どものライフスタイル改善や、勇気をくじかれた子どもの自信回復など、アドラーの説いた育児論をまとめた著作。

## 自分が変われば悩みは解決する

人間関係を構成する４大要素のうち、最も変えやすいのは「自分自身」です。たとえば、厳しい上司に意見を言えない部下の場合を見てみましょう。

### 環境を変える

こんな会社
やめてやる〜
私の幸せはどこ!?
ダッ

上司と部下という環境を変える。自分の意志次第だが、新たな環境でもうまくいくとは限らないリスクがある。

### 関係を変える

コピー
100部ね
あれ?
ぷいっ

上司からの頼まれごとを無視するなど、今までの絶対服従の関係を変えてみる。人間関係が悪化する可能性がある。

### 相手を変える

これは仕事だ
甘えるな
もっと
やさしく
してください
えーん

上司の問題点を指摘し、変わってもらうようにする。相手に変わる意志がなければ意味がなく、最も変えにくい要素。

### 自分を変える！

今日から
人のせいにする
のはやめるゾ

自分自身を見直し、上司との関係改善のアプローチ法を変える。自分の気持ち次第で、どうにかすることができる。

**アドラーの著書** 『人間知の心理学』 自分や他者といった人間をより深く知るために、人の言動や目的を探ったアドラーの著作。1927年にドイツ語で出版され、のちに英訳されました。

アドラー理論の基本③

# 勇気づけと5大理論

## 困難を克服する勇気づけ

ホームルームで触れたように、アドラー心理学は、**勇気の心理学**と呼ばれています。ここでいう**勇気**とは、わたしたちがふだん使う〝恐れずに立ち向かう気持ち〟とはちょっと意味が違います。

人間はだれしも、「目的に向かう欲求（▼P.14）」を持っています。そして、これを達成しようとします。しかしその際、どうしても人間関係上の困難にぶつかるものです。この、人間関係上の「**困難を克服する力**」、これをアドラーは勇気と呼びました。

アドラー心理学では、困難に立ち向かい、乗り越えるための活力を与えることを**勇気づけ**といいます。この勇気づけが、アドラー心理学の最も大きい目的といってもよいでしょう。

一般的な勇気とはちょっと違うんだ

## アドラー心理学の唱える五つの理論

アドラー心理学では、勇気づけを行うためにふまえておくべき五つの理論があります。

- **自己決定性**
- **目的論**
- **全体論**
- **認知論**
- **対人関係論** です。

それぞれどんな理論なのでしょう。40ページから一つずつ見ていきましょう。

心理学用語 **【バンド・ワゴンアピール】** 集団の中で場を盛り上げるために、わざと大声を出したり、オーバーアクションをとったりして、人心掌握すること。

## アドラー心理学の基本理論

アドラー心理学は、以下の五つの理論で構成されます。これをもとにして、勇気づけという技法を使い、日々の困難や悩みに立ち向かいます。

### 勇気づけ

**他者や自分に活力を与える**

勇気とは、困難を克服する力のこと。この力を使って、他者やときには自分自身に活力を与えることを、勇気づけと呼ぶ。これができる人は、良好な人間関係を築ける。ほめることとは異なる。

↓

**アドラー心理学の5大理論**

| | |
|---|---|
| **自己決定性**<br>▶ P.40 | ・自分の人生は、自分が主人公である<br>・自分の運命は、自らの意志で決定している |
| **目的論**<br>▶ P.42 | ・人間の行動は、その人の目的に向かっている<br>・未来の目的は、自分で決められる |
| **全体論**<br>▶ P.44 | ・人の心に矛盾《むじゅん》は存在しない<br>・理性と感情、意識と無意識は相反さない |
| **認知論**<br>▶ P.46 | ・人はだれでも、自分だけの価値観を持つ<br>・自分のものの見方を通して、物事を判断する |
| **対人関係論**<br>▶ P.48 | ・すべての感情や行動には、相手役がいる<br>・自分自身も、だれかの相手役である |

心理学用語 **【刷り込み】** 生後すぐの経験が、人の心や行動に大きな影響を与えること。フロイトの精神分析でも、幼児期の経験が人格形成に大きく影響してくるとしました。

5大理論 ①

# 「人生は自分が主人公」自己決定性

## 自分を主人公に考える

アドラー心理学5大理論の一つ目は、**自己決定性**です。

アドラーは、「人間は、自分自身の人生を描く画家である」という言葉を残しています。自分の人生を切り開くのは、まぎれもない自分自身。まさに自分が、人生の主人公であるというのです。

わたしたちは、困難に出合ったとき、つい周りの人や、環境のせいにしてしまいがちです。過去をふり返って後悔することもあるでしょう。しかしアドラーは、人間は環境や過去の犠牲者ではないといいます。人間は、自ら運命をつくり出す力を持っていると考えているのです。

未来を見据え、自分を変えていくことはむずかしいことではありません。過去の経験を積み重ねて今の自分があるのなら、そんな自分を変えて、新しい自分をつくるのも自分自身です。

## 自己決定は有益な方向へ

わたしたちは、自己決定する際、どんなかじ取りをしたらよいでしょうか。アドラーは、困難に出合ったときに、どのような決断をしていったらよいかを、**ユースフル（有益）**か**ユースレス（無益）**か、という二択の基準を教えています。

人間だれしも、その人なりの価値基準を持っ

何が起こっても
決定するのは
自分自身！

心理学用語 【パーソナル・スペース（個人空間）】 人がだれでも持っている心の縄張りのこと。無意識につくっており、このテリトリーに侵入されると、不快感を示すとされます。

ています。正しいことかよいことか、といった基準でさえも、人によって違う場合があります。こうした価値観の相違で、人間関係の摩擦も生じます。

そこで、自分と相手にとって、ユースフルかユースレスかの判断が有効になります。そうすれば、どちらかが悪者になったり、敗者になったりすることはないというのです。

## 自分をつくるのも変えるのも自分

自己決定性とは、読んで字のごとく自分で決定すること。自分自身を変えられないと悩む人は、実は「自分自身を変えない」という決定をしているのです。

学歴が劣る…
営業成績が
〇〇さんより劣る
劣等感
昇進試験
受かるかな…

### 自己決定性

わたしたちがものごとを決定するときは、すべて自分の意志で行っている。環境や過去のできごとには左右されない。

**ユースフル（有益）な決定**

「得意な企画で勝負だ!!」

→ 自分のできるところから始めてみる

**ユースレス（無益）な決定**

「どうせ無理だろう」

→ 受けるのをやめる

＝

**「正しい／間違っている」「よい／悪い」の判断ではない**

心理学用語 **【自己概念】**「自分は〇〇な人」というように自分を、どう思っているかというイメージ。このイメージの自分に近づこうとすることを、自己実現傾向といいます。

5大理論 ❷

# 「人の行動には目的がある」目的論

フロイトの原因論とはまったく逆の考え方だ

## 過去の原因には執着しても意味がない

人は困難に出合ったとき、「なぜこうなったのだろう?」「何がいけなかったのか?」と、つい過去をふり返り、原因を探りたくなります。

しかし、それは決して有意義な行動ではありません。もう変えることのできない過去を見ても意味がありません。仮に原因がつきとめられたとしても、どうしようもないのです。

原因探しの末、都合のよい原因を見つけ、あるいはつくりあげ、「しかたないことだったのだ」と逃げ込んでしまうこともよくあります。これも建設的ではありません。アドラー心理学は、この**原因論**と真逆の立場に立ちます。

## 未来を見つめ、目的を考える

アドラー心理学の特徴は、現在から未来へ向かう、**目的論**に根ざしています。アドラーによれば、人間の行動に無目的はありません。「部下に一人前になってほしいという目的があるから、部下を叱る」など、**人の行動はすべて「目的」によって説明がつくと考えます。**

わたしたちにとって、大切なのは、今、そして未来です。原因論の「どうしてこうなった」ではなく、「これから何ができるか」が重要だ、とアドラーは考えました。そうした考え方をするためには、まず自分の目的を見つめ直す必要があるでしょう。

アドラーの名言

**一定の目標が念頭になければ、何も考えることも、着手することもできない**(『性格の心理学』)

## うまくいかないときは原因より目的に目を向ける

何か大きな困難や悩みにぶつかったときは、その問題の原因を探るのではなく、どういった目的に向かっているのかを考えましょう。

**残業が多い**

**目的論**

**「残業したくないから、仕事ぶりを見直そう」**

すべての行動は、目的があって生まれるもの。目的は何かを見据えて、その目的に向かってどう行動したらよいのかを考える方法。

**現在と未来のことを考える**

＝

**目的に向かって何をすべきか考えられる**

未来のために何をすべきかを考えよう！

アドラー

**原因論**

**「仕事ができないから残業するんだ…」**

フロイトが提唱。問題の原因は過去にあると考え、その原因を探る。できない理由を簡単につくりだせるが、原因を追究しても問題は解決しない。

**過去に原因を追究する**

＝

**過去の事実は変えられないから解決策が見出せない**

あなたの苦しみは過去に原因があるからだ！

フロイト

心理学用語 **【達成動機】** 人が目的を達成するために努力しようとする動機のこと。達成動機を強く持つ人は、大きな障害が立ちはだかっても、乗り越えようと努力できます。

5大理論③

# 「人の心に矛盾はない」全体論

## 意識も無意識も自分自身

ホームルームで、アドラー心理学は**個人心理学**だという話をしました。人間は、体と心がセットで一つの個人を形成し、分離不能である、という考え方をしています。この考え方を**全体論**といいます。

「やらなければと思っていたのに、いつのまにか時間が過ぎてしまった」など、わたしたちは、ときどき自分の行動を、無意識のせいにしてしまうことがありませんか。

フロイトやユング（▼P.12）は**意識**や**無意識**の考え方を打ち出し、心のなかで、良心と欲求との葛藤が行われていると考えました。そしてときどき、無意識や欲求が、意識を踏み越えてしまうというのです。

しかしアドラーは、意識も無意識も、全部合わせて自分自身と考えました。目的に向けての行動として見れば、「つい」も「うっかり」も**自分の意志**。矛盾はないというのです。

## 分離不能な個人に矛盾はない

理性ではわかっているけれど感情が暴走する、などと、理性・感情も、相反する現象に見られがちです。しかしそれもアドラーは、矛盾ではなく、補いあう関係だと考えます。目的を達成すべく、人生を歩んで行くのは、全部ひっくるめてただ一人の自分だというのです。

「つい」や「うっかり」も自分の意志だよ！

心理学用語 **【深層心理】** ふだん自分では自覚していない無意識の世界。フロイトは深層心理の世界から、精神分析を試みました。

## 人間は部分で分けられない、一つのまとまり

わたしたちは、「つい」「～だったのに」と考えがちですが、アドラー心理学では、それらの行動も自分の意志と考えます。

人間の行動や感情は、すべて目的に向かっている（目的論）。つまり、無意識に何か行動することはなく、そこには必ず意識も働いている。

**一見相反するものも、分割できない互いに補いあう存在**

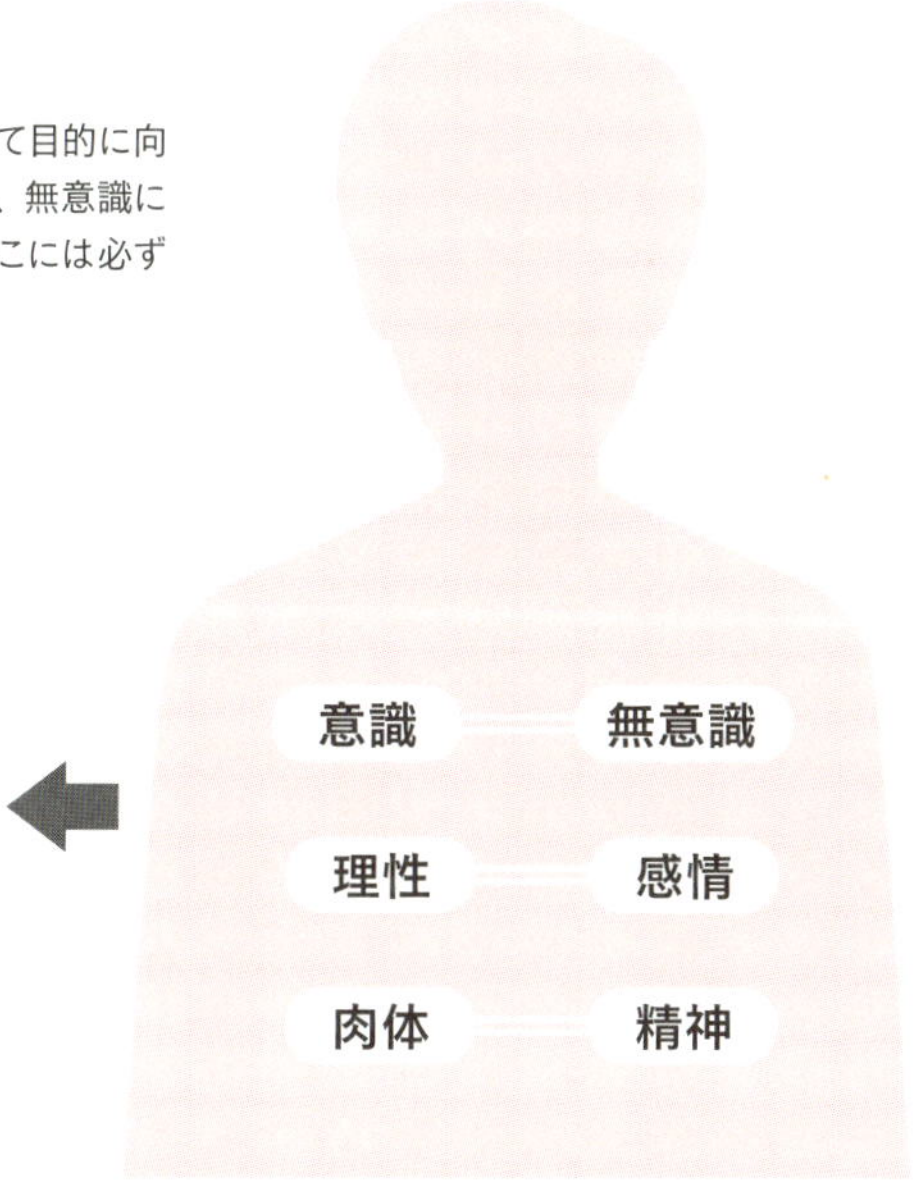
意識
無意識
理性
感情
肉体
精神

### 一方、フロイトの心理学では人間は部分を集めたものと考えた

フロイトによると、人の心は意識・前意識・無意識に分けられるという。意識は今の自分の意志、前意識は忘れてしまっているが、努力次第で意識化できる部分、無意識は抑制《よくせい》され、自分でも自覚してない部分。この三層の部分をすべて合わせて心だと考えた。

異議あり！
意識と無意識も
分割されない
自分の意志だ！
アドラー

心理学用語
**【反動形成】** 男の子が、好きな女の子にいたずらをするように、自分の感情と逆の行動を取ってしまうこと。

5大理論④

# 「だれもが自分だけの眼鏡で見る」認知論

## 人は客観的にものごとを見られない

アドラーは、「人間が客観的に人やものをとらえるのは不可能である」という立場に立っています。だれもが、自分特有の色眼鏡をかけて世界を見ているようなものだというのです。

たとえば「怖いから絶対に乗りたくない！」という人もいれば、「刺激的で楽しいから、何回でも乗りたい」という人もいるでしょう。同じものでも、感じ方は人によって違います。

知覚とは、あくまでもその人の**主観**によるものとする。この考え方を、アドラー心理学では**認知論**といいます。

## 事実よりも意味づけ

新しい上司が部内に異動してきたとします。

「自分より年下かもしれない」
「仕事のできる人に見える」
「社交的な感じがする」
「服装のセンスがイマイチだ」

部下たちは、いろいろな着眼点から、新上司を観察するでしょう。

このように人間は、自分の体験や好みにしたがって、しかも自分の尺度で、対象を自由に把握します。

アドラーが重視するのは、まさにこれです。客観的な事実よりも、その人が、できごとや人

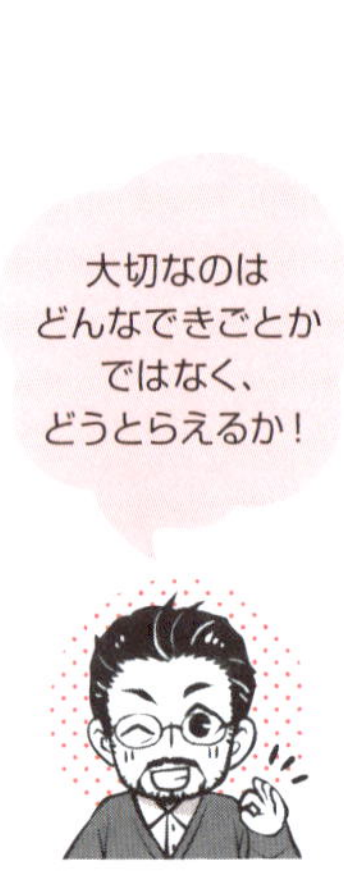
大切なのは
どんなできごとか
ではなく、
どうとらえるか！

心理学用語 【知覚】 人が外のものごとを感じ取ること。視覚、聴覚、嗅覚、味覚、触覚の五感のほかに、空腹などを感じる内臓感覚や時間感覚なども含まれます。

物をどうとらえ、どう意味づけているか、に着目するのです。

人間関係に悩んでいる場合、主観による認知を意図的に変えることで、気持ちが急に楽になったり、悩みがたちまち解決したりすることが、実は非常に多いのです。

## 見方、感じ方（認知）は変えられる

同じ立場の人が同様のできごとに直面したとき、その状況をどうとらえるのかは、本人の主観次第で変わります。

営業部に異動が決まった

給料
もらえれば
同じでしょ
話すの苦手
嫌だなあ…
外回りが
増えるのは
うれしいな

Aさん　Bさん　Cさん

**感じ方はさまざま**

＝

**感じ方は変えられる**

話上手になる
チャンスかも
しれない！

Bさん

営業部への異動をどうとらえるかは、自分の主観によって左右される。つまり、不安に感じていたとしても視点を変えれば、解消する可能性もある。

心理学用語 **【ジェンダー・ステレオタイプ】**「男性は強く、女性はかよわい」といったように、性別に対してステレオタイプ（固定的）な見方しかできないこと。

5大理論 ⑤

# 「行動にはすべて相手役がいる」対人関係論

## 人間の行動の裏にある対人関係

「人間の悩みは人間関係」だとするアドラーは、人間の行動のすべてに**相手役**がいるといいます。これが**対人関係論**です。

相手役とは、ある人の行動によって影響を受ける人。ある人に対し、何らかの感情を抱き、何らかの行動で返す人のことです。

それは、一人の他者とは限りません。会議の出席者全員であったり、カラオケでの歌を聞いている仲間であったりします。

相手役の行動によって、自分もまた影響を受け、それがさらに相手役へ影響を及ぼします。

たとえば上司から、パワハラまがいの発言をされたとします。相手役である自分が、萎縮《いしゅく》してしまったときと、言い返したときとでは、その後のお互いの行動は、大きく異なるでしょう。人間関係は、お互いに影響を与えたり受けたりしているものです。

つまり相手を理解するには、その人の対人関係を観察することが、容易な手段であると、アドラーは考えたのです。

## 自分が相手役になることも

相手役は、ときに自分自身であることもあります。**自問自答**がそれにあたります。

たとえば仕事で困難に直面したとき、自分を励ましたり、自分には無理だから援助を頼もう

行動には必ず相手役がいるんだ！

心理学用語 **【援助行動】** 困っている人がいるときに、無償で手助けする行動。周りに多くの人がいると、援助行動は起こしにくいとされます。

と考えたりします。さらに、自分に素質がないと落ち込んだり、仕事の依頼者を憎んだりする場合もあるでしょう。こうした自問自答の内容から、その人のライフスタイル（▼P.54）が浮き彫りになります。どのように自分に問いかけ、どう反応し、どう行動するかを調べることで、その人を理解し、悩みを取り除く方法を見出すことができると、アドラーは考えました。

## 対人関係を見ると人となりがわかる

だれかのことを理解したいと思ったら、その人の意見や考えよりも、対人関係に注目するとよいでしょう。

相手との関係性によって、抱く感情や相手に対する態度は異なる。対人関係を観察すれば、その人の行動パターンが読み解けるので、ウソ偽りのない人となりが見えてくる。

### 自問自答も対人関係

自問自答することも、他者の対人関係に注目するのと同じこと。相手役が自分自身というだけ。現実の自分と、「これでいいのか」と向き合う自分。アドラーはこの両者の問答も対人関係だという。

心理学用語 **【服従の心理】** ある環境や場所で権力者と認識した人に対して、服従してしまう心理。その権力者の命令が間違った行動を示しても、多くの人は従ってしまいます。

アドラー心理学の考え方 ❶

# どう使うかを考える 使用の心理学

## 素材だけでは価値がない

「何かをつくるのに必要な材料、設備、力、人手があったとしても、目標がないならば、それらに価値はありません」

アドラーが著作で残したことばです。

アドラーは、これを人間にも当てはめています。その個人が生まれつき持っている素質が、どんなに優れていようとも、それだけでは意味がなく、目指すべき目的が定まってこそ価値が生まれると考えたのです。

## 与えられたものを目的に向けて使いこなす

「うまくいかないのは、自分の素質のせいだ」

そう考えるのは、**原因論**（▼P.42）。アドラーとは相容れない考え方です。

「うまくいかないのは、目標の立て方が適切でないために、自分の素質が正しく使えていないから」と考えるのが、アドラーの**目的論**（▼P.42）です。自分の持っているものを、どうすれば最大限に使うことができるかを考えるのです。このため、アドラー心理学は「**使用の心理学**」という側面を持っています。

「重要なことは、何を持って生まれたかではなく、与えられたものを、どう使いこなすかだ」

アドラーの有名なことばです。ないものねだりはせずに、持っている素材を存分に使う発想で、目標の重要性を徹底して強調しています。

「ない」となげくより持っているものを使いこなそう！

心理学用語 【心身症】 心理的なストレスによって、身体的な異常が起こること。気管支ぜんそくなどの呼吸器系やじんましんなどの皮膚科領域によるものまで、さまざまです。

## 使用の心理学と所有の心理学の違い

アドラーの使用の心理学とはまったく正反対の考え方が、フロイトの所有の心理学です。

### アドラー的目的論

目的は何か、そのためにできることを考える。

### フロイト的原因論

過去や自分に原因があると考える。

### 使用の心理学

感情や能力など、さまざまな部分を使って、目的に向かって行動する。悩んだら、感情などの部分を使い、どんな目的を果たそうとしているかを考える。

### 所有の心理学

怒りや無意識といった、心のなかのある一部分に支配されている。その一部分に影響を受けているから、うまくいかないと考える。

そうだ練習方法を変えてみよう

ぼくには才能がないせいだ！

心理学用語 **【交流分析】** アメリカの心理学者バーンが打ち出した、精神分析方法の一つ。自己の心理状態を三つに分類し、対人関係を分析します。

アドラー心理学の考え方②

# 劣等感が個人を成長させ文化を発展させる

劣等感がないと
人は向上
できない!

## 劣等感はよりよく生きるための刺激

**劣等感**ということばはあまり印象のよくないことばですが、アドラーはこれを「健康で正常な努力と成長のための刺激」と前向きなことばとしてとらえています。

子どもの頃から劣等感に悩まされていたアドラーは、劣等の意味を研究し、①**器官劣等性**《きかんれっとうせい》、②劣等感、③**劣等コンプレックス**の三つを定義しました。

①の器官劣等性とは、身体の器官が先天的な障害などにより劣っていること。②の劣等感とは、主観的に自分の一部を劣等と感じること。③劣等コンプレックスとは、自分が劣った存在であることを示し、やるべき課題から逃げることをいいます。

このなかで、アドラーが重要視したのは②です。他者との比較で劣等を感じることだけでなく、現実の自分と目標とのギャップに対して抱くマイナス感情も、劣等感と考えました。

つまりアドラーは、劣等感を、目標に向かって、よりよく生きようとするための刺激であるととらえたのです。

## 人間は優越性を追求する

わたしたちは多かれ少なかれ、悔しい思いをしたり、他者と競争したりして、がんばった経験があるのではないでしょうか。それらの努力

心理学用語 **【補償】** 心理学では、精神的・身体的に強い劣等感を持ったときに、それを補おうとするエネルギーのことをいいます。アドラーもこれを重視しました。

## 向上したい気持ちが劣等感を生む

アドラー心理学では、劣等感はだれもが持っているものと考えます。

GOAL
目的
（理想）
ゴール（理想）を目指すぞ！
劣等感
今の自分
（現実）

人は、目的のために行動しているが、その目的と現実にズレが生じると、劣等感を感じる。その劣等感を補おうとして、努力しようとする気持ちが生まれる。

が積み重なり、今のわたしたちがあるといえます。同様に人類も、劣等感をエネルギーとして、高度な文化をつくってきたといえるでしょう。

アドラーは、人間は常に「**優越性**を追求する」といいます。ただしその過程で、悩みが生じる場合があります。結果だけを追い求めたり、称賛を得ることが目的にすり替わったりすると、劣等感情は異常に膨れ上がります。また、自分が優れていることを、ことさらひけらかす**優越コンプレックス**に陥る場合もあります。

心理学用語 **【認知のゆがみ】** マイナス思考や、一、二度の失敗で次も失敗すると思い込む「過度の一般化」など、極端なもののとらえ方しかできないこと。

アドラー心理学の考え方③

# ライフスタイル（性格）は選べる

「こんな性格だから…」とあきらめるのはまだ早い！

## 変えることができる性格

アドラー心理学の重要な概念に、**ライフスタイル**があります。これは、わたしたちがふだん使っている生活様式とは意味が異なります。その人の性格とか、生き方、考え方、に近い意味です。

その人特有の考え方（思考）、感じ方（感情）、それらがもとになった判断や行為（行動）、これらの総合されたものを性格といいます。アドラーは、この性格ということばに、「変化しにくい」イメージがあると感じました。

アドラーは、**自分次第で自分自身を変えることができる**（▶P.36）と言っています。そこで、性格でさえも努力次第で変えられるというニュアンスを含め、ライフスタイルという語を用いました。

## 三つの信念にまとめられる

アドラー以後も、後継者によってアドラー心理学は発展してきました。そして現在では、ライフスタイルは、信念に近い意味でとらえられています。それは、①**自己概念**（現在の自己についての信念）、②**世界像**（世界の現状についての信念）、③**自己理想**（自己と世界の理想についての信念）、大きくこの三つにまとめられます。

たとえば①が「自分は営業が苦手」だとする

心理学用語 **【性格】** 心理学で性格は、キャラクター（性格）とパーソナリティ（人格）で形成されるとされ、前者が遺伝的なもの、後者は環境などによって身につくものとされます。

と、営業の仕事を拒否したり、必要以上の劣等感を持ったりします。②が「周りには優秀な人ばかり」だとすると、多少成功したとしても、まだ足りないと思うかもしれません。③が「自分が出世すべきだ」だとすると、周りと穏やかな人間関係を築くのが難しくなるでしょう。

アドラー心理学では、ライフスタイルをこのように三つに分けてとらえ、それぞれ問題のある部分を変えていくことで、人間関係を改善しようとしています。

## ライフスタイルの三つの要素

ライフスタイルを変えるには、まずはこの要素がどういったものかを知ることが重要です。

### 自己概念

わたしは
○○である

現在の自分自身のことを、自分がどうとらえているか。明るい性格の人でも「わたしは明るい」と思ったり、「わたしは暗い」と思ったりする。

### 世界像

世界は
○○である

自分の周りの環境を、自分がどう見ているのか。同じ立場の人でも、「みんなが仲間」ととらえる人もいれば、「みんなが敵」ととらえる人もいる。

### 自己理想

わたし（世界）
は○○である
べきだ

自分や世界がどうあるべきか、またはどうあってほしいか。「自分はもっと好かれるべき」「もっと出世するべき」といった自分が思う理想のこと。

心理学用語 **【自己呈示（セルフ・プレゼンテーション）】** 相手からよく見られるために、自分自身の印象やイメージを操作すること。

アドラー心理学の考え方④

# 人生を豊かに送るための ライフタスク

自分のライフタスクを見直してみよう!

## 人生で直面する課題

アドラー心理学でいう**ライフタスク**とは、わたしたちが人生で直面する**課題**です。それは、受験や結婚などの大きな課題のほか、決めた時間に起きる、クレームの電話に出るなどの小さな課題も含まれます。

ライフタスクへの処《しょ》し方には、人間関係が絡んでできます。アドラー心理学では、ライフタスクからもその人の抱えている問題を探ります。

## 仕事・交友・愛のタスク

アドラーは、ライフタスクを三つに分類しました。**仕事**、**交友**、**愛**です。

仕事のタスクとは、職業などへの取り組み。義務や金銭的責任が関わります。

交友のタスクは、利害関係が特に絡まない、身近な他者との交流です。だからこそ、どんな人物とどんなつき合いをするかで、人となりが浮き彫りになると考えます。愛のタスクは、恋人が中心ですが、夫婦や家族も含んだ関係です。

アドラー以後の現代では、さらに、自分とつき合う**セルフタスク**、宗教に関わる**スピリチュアルタスク**の二つが加わります。

タスクは互いに関わり合います。たとえば仕事のタスクをこなすには、その仕事に関わる人との交友のタスクも円満にする必要があります。何か一つに取り組むことは難しいのです。

心理学用語 **【共感的理解】** 他者の話に注意深く耳を傾け、自分のことのように共感すること。アメリカの心理学者ロジャーズが、カウンセラーの条件の一つとしてあげました。

## どれが欠けても豊かとはいえなくなるライフタスク

わたしたちが幸せな生活を送るためには、取り組まなければならない課題があります。それは、以下の五つに分けられます。

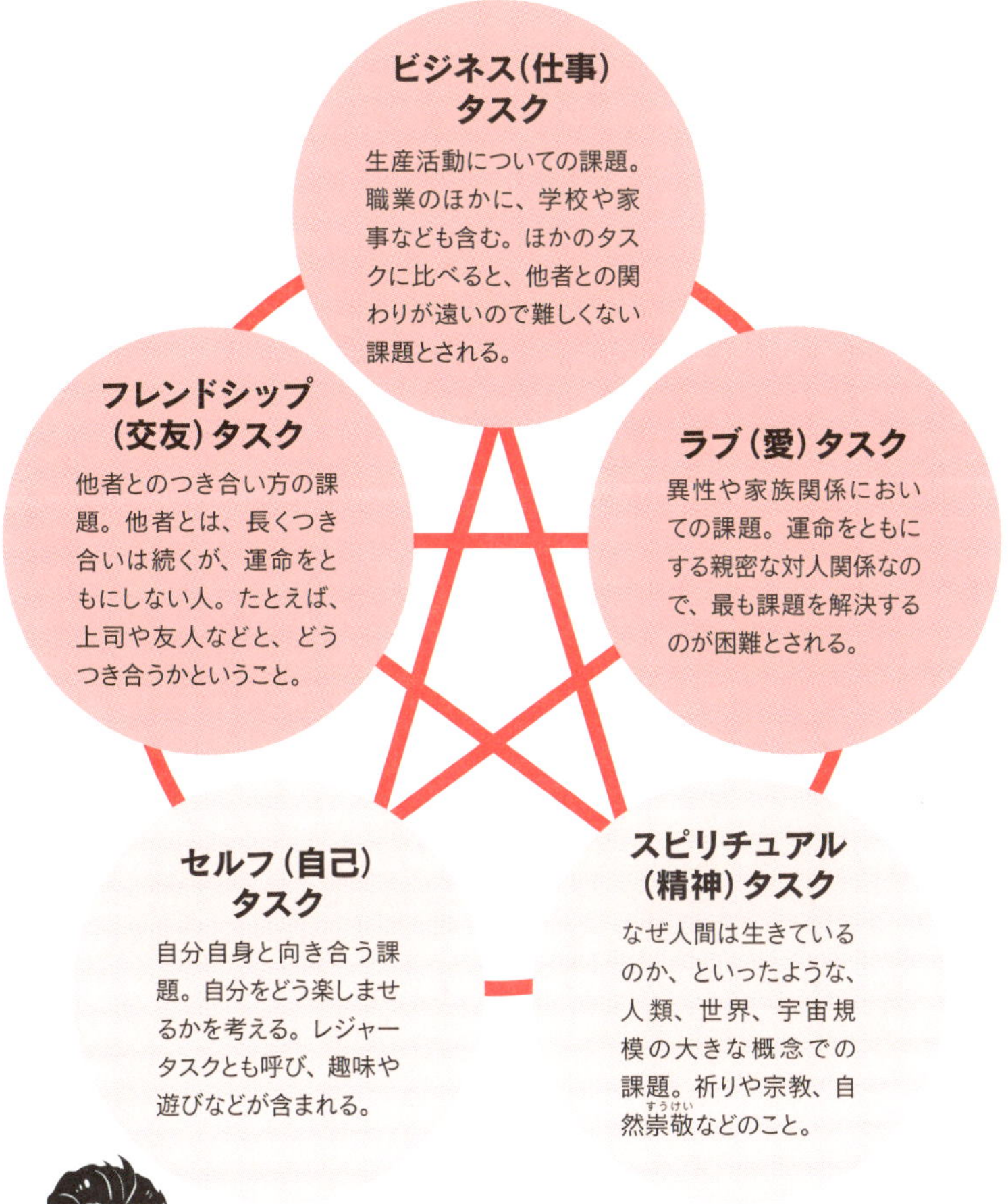
ビジネス(仕事)タスク
生産活動についての課題。職業のほかに、学校や家事なども含む。ほかのタスクに比べると、他者との関わりが遠いので難しくない課題とされる。
フレンドシップ(交友)タスク
他者とのつき合い方の課題。他者とは、長くつき合いは続くが、運命をともにしない人。たとえば、上司や友人などと、どうつき合うかということ。
ラブ(愛)タスク
異性や家族関係においての課題。運命をともにする親密な対人関係なので、最も課題を解決するのが困難とされる。
セルフ(自己)タスク
自分自身と向き合う課題。自分をどう楽しませるかを考える。レジャータスクとも呼び、趣味や遊びなどが含まれる。
スピリチュアル(精神)タスク
なぜ人間は生きているのか、といったような、人類、世界、宇宙規模の大きな概念での課題。祈りや宗教、自然崇敬《すうけい》などのこと。

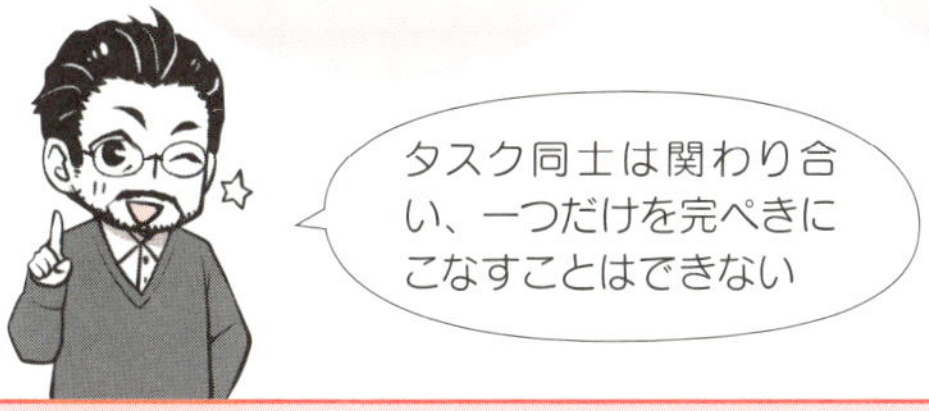
タスク同士は関わり合い、一つだけを完ぺきにこなすことはできない

アドラーの名言
家庭生活の営みの全体において、権威を使う必要はない(『人生の意味の心理学(上)』)

アドラー心理学の考え方⑤

# 自分で陥りやすい勇気くじき

## 勇気がない人は他人の勇気をくじく

**勇気**とは、アドラー心理学でいうところの「困難を克服する力」（▼P.38）です。

「なぜ言ったことができないんだ」

「おまえのせいでダメになったんだぞ」

「まだわからないのか」

上司や先輩から、このような発言を聞いたことはありませんか。言われたら落ち込み、意欲を急速に失ってしまいます。相手役（▼P.48）から、困難を克服する力を奪う、こうした行為を**勇気くじき**と呼びます。

しかしアドラー心理学では、勇気くじきをする人は、弱い人であると考えます。つまり、前述のような発言をする人は、原因が自分ではなく他者にあるとして、責任を逃れようとしていると理解できるからです。

勇気くじきをする人こそ、困難を自分で克服することのできない人だというのです。

## 原因論は勇気くじき

「どうしてこうなるんだ！」
こんな**なぜ問い**（▼P.176）をすることがないでしょうか。「なぜ」とは、過去の原因を探ろうとすることばで、**原因論**に根ざしています。これは、アドラー心理学の**目的論**（▼P.42）と正反対の考え方です。未来を見ずに過去をふり返っても、勇気は生まれません。

勇気くじきをする人こそが弱い人だ！

心理学用語 **【うつ病】** わけもなく気分が落ち込んだり悲しくなったりする抑うつ状態が断続し、身体的にも食欲不振や睡眠不足などがあらわれます。

また、原因論で問いかける相手役が自分自身、ということも少なくないのではないでしょうか。失敗を自分の責任だとし、「なぜこうなった」と自分を問い詰め、自分を責めます。これは自ら自分の勇気をくじく行為です。**勇気の心理学**ともいわれるアドラー心理学では、他者に対しても自分に対しても、勇気くじきをしないように気をつけます。

## 勇気をくじく四つのパターン

勇気くじきのことばは、つい言ってしまいがち。以下のような発言をしていないか、注意しましょう。

### 縦の関係での動機づけ

できなかったらクビだ!

上下関係をもとに、立場が上の人から下の人へ言うことば。言われたほうは、立場的に反論も何もできない。

### マイナス志向

きっとまた失敗するよ

決めつけや、思い込みによる発言。実際にチャレンジしてなかったり、誤解があるかもしれないのに、一方的に決めつける。

### 人格否定

おまえには絶対無理だ!

相手の人格や人間性を否定するようなことば。言われたほうは、何をしても認められないと思い、やる気がそがれてしまう。

### 原因志向

おまえのせいで失敗した!

「何が原因なのか」を、つきとめようとする。失敗したときなどに、「〜のせいで」「〜したから」といったことばで、過去をふり返り相手を責める。

心理学用語 **【認知行動療法】** 心理療法の一つ。小さな失敗を大げさにとらえるなど、ものごとの認知の仕方に問題があるとして、それを修正し、ストレスや不安を解消します。

アドラー心理学の考え方 ❻

# 幸福を手にするための共同体感覚

## 「わたし一人くらい」が社会を滅ぼす

アドラー心理学の、最後の重要コンセプトが**共同体感覚**です。アドラーは、「仲間の人間に関心を持ち、全体の一部になること」が共同体感覚の基本だとしています。

　わたしたちの生活する社会は、たくさんの利害関係がうず巻いています。個人が、自分の利益を求める過程で、他者の利益をまったく考えないとします。すると敵対関係ばかりが生じ、安全な社会生活は壊れるでしょう。

「わたし一人くらいなら大丈夫」と思って全員がゴミを捨てると、あたりはたちまちゴミだらけになってしまうのと同じです。

## 共同体感覚が悩み解消につながる

アドラーは、私的論理（▼P.226）から離れ、「他者も共通して意味のあること」を目的にするべきだといいます。人類は、社会を維持するために、さまざまな規則や法律を定め、それを守るよう努めてきました。心の持ち方も同じです。個人は全体の一部であり、個人は全体とともに生きていることを実感する。この共同体感覚が、健全な人間関係を維持し、心の悩みを解消するとアドラーは結論しました。

　アドラーは**共同体**の範囲に、際限を設けません。どこまでも共同体です。家庭や地域、職場、果ては宇宙までと広くとらえました。

自分主体ではなく
共同体を
意識して
考えよう！

心理学用語 **【社会的手抜き】** 集団で作業を行うと、個人で行うときより、一人一人の作業効率が下がるという心理現象。

## 一対一から宇宙へ、他者への関心を広げる共同体感覚

アドラーは、「人は一人では生きられない」とし、人が生きるためには共同体感覚を持つことが大切と説きました。

共同体感覚とは、自分は会社や学校などの共同体のなかの一部分で、そのなかで生きていると感じること。自分の所属する共同体に存在してもよいと実感する「所属感」、役に立つ「貢献感」、仲間を持つ「信頼感」、自分を認める「自己受容」という感覚から成り立つ。

### 共同体感覚を構成する四つの感覚

| | |
|---|---|
| **所属感**<br>「ここにいてもいいんだ」 | **貢献感**<br>「私は役に立てる」 |
| **信頼感**<br>「無条件に信じる」 | **自己受容**<br>「ありのままでいい」 |

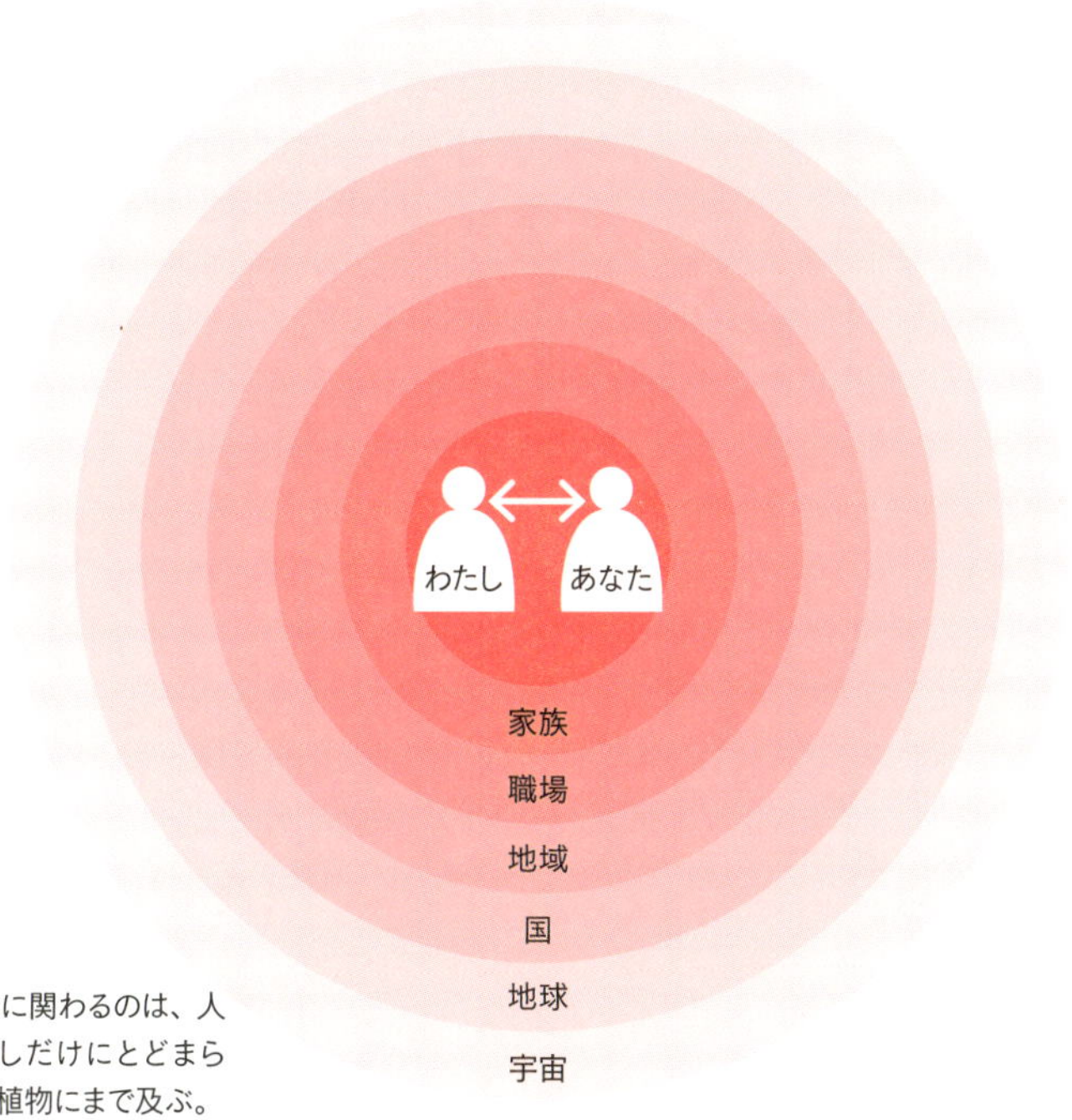
わたし
あなた
家族
職場
地域
国
地球
宇宙

共同体に関わるのは、人間どうしだけにとどまらず、動植物にまで及ぶ。

アドラーの名言

人生は仲間に関心を持ち、全体の一部であり、人生の幸福に貢献することである（『人生の意味の心理学（上）』）

休み時間 アドラーの人柄がわかるエピソード

# アドラーの恋と結婚

アドラーは27歳で結婚し、三人の子どもを授かりました。
しかし、女性が子育てや家事に縛られる考え方に反対していた妻は、
アドラーに対して、不満を募らせていたといいます。アドラーが
最愛の妻として選んだ女性とは、いったいどんな人だったのでしょうか。

## 勉強会で出会った運命の女性

生涯の伴侶となったライザ・エプシュタインとは、ある政治集会で出会いました。色白で小柄なライザは、賢く、意志の強い女性でした。

アドラーはライザに情熱的な手紙を書いて送り、二人は出会って一年も経たぬうちに結婚しました。

## 妻さえいれば大病も治る

63歳の頃、アドラーは病にかかり入院しました。瀕死の状態でしたが、妻と娘が見舞いに訪れた喜びで、病気がみるみる回復したといいます。

アドラーが自慢の美しい妻を愛する気持ちは、生涯変わりませんでした。

## 破局の危機もあった!？十五年の別居生活

アドラーがオーストリアから渡米を決意したとき、ライザは同行しませんでした。十五年間の別居期間中、アドラーは何度もライザに手紙を出しましたが、返事は一切もらえていません。ようやくライザがアメリカに移住したのは、アドラーが亡くなる二年前のことでした。

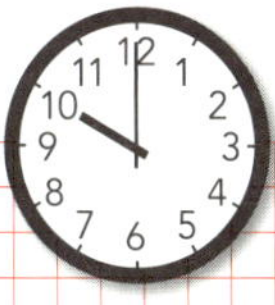

# 2限 ありのままの自分とは

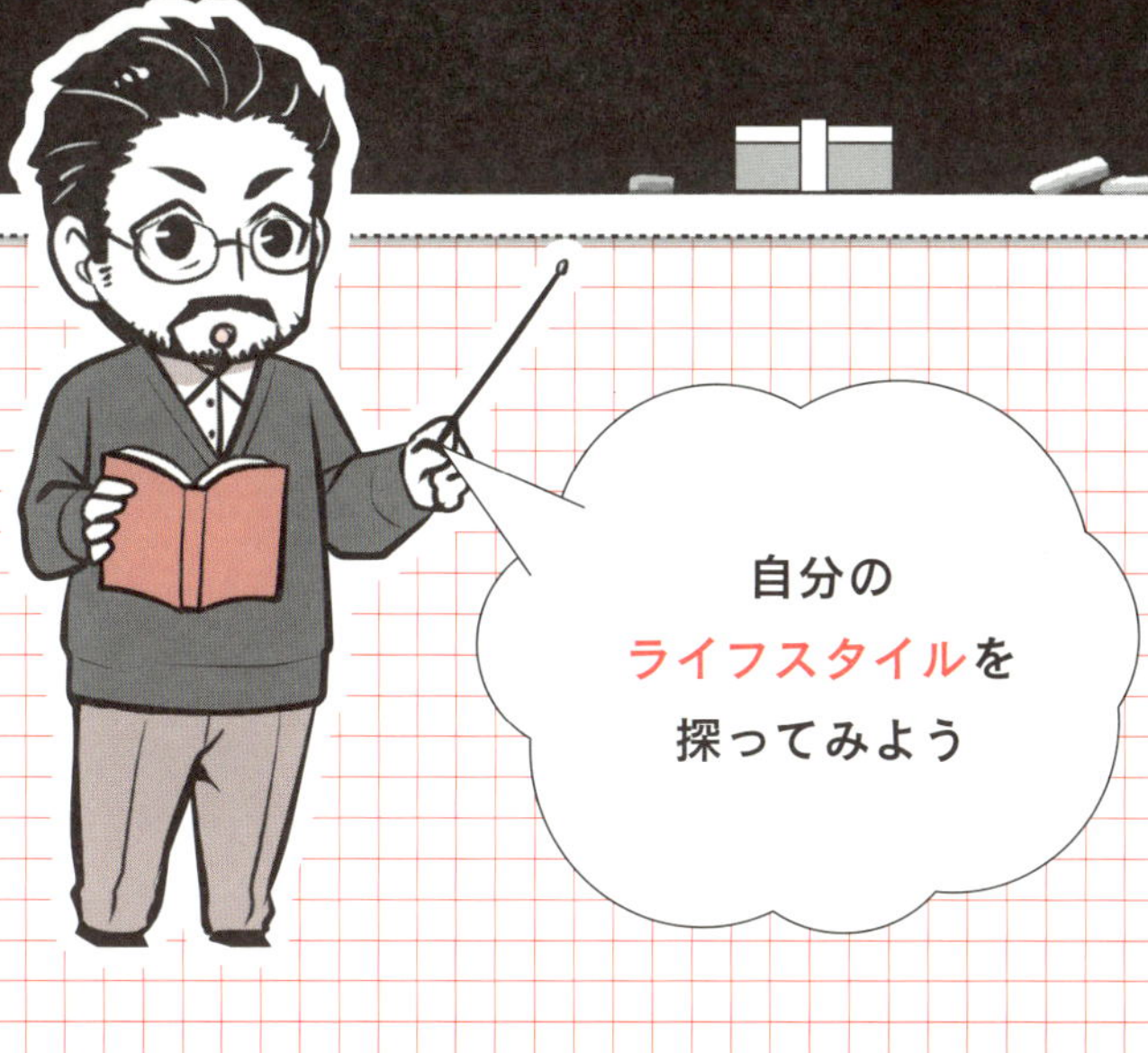
自分の
ライフスタイルを
探ってみよう

アドラー心理学マンガ

# あなたはどっち？

## 怒る人と落ち込む人

先生〜
おいおい どうした二人して
今日は うじうじくんの 悩みを聞きに 来たはずなんだけど…
先生〜
そんなこと言わずに 先生、わたしの話も 聞いてくださいよ〜
待って待って 今日はぼくが 先生を呼んだんだから
だいたい 何でイカリーまで ここにいるんだよ
だって、先生が 来るって聞いたら わたしだって 相談したくなるでしょ〜 いいじゃん別にー
ゆさ
はは
ゆさ
彼女のことは きみが呼んだの？
いや、実は店の前で 会っちゃったんです

わかったわかった
話は聞くから
まずは
うじうじくんから
話を聞かせてよ
今年から営業部の
主任になり
仕事の幅が
広がりました
えっへん！
主任
自分の担当だけでなく
部下の教育も
しなければなりません
えーと
そこは…
ギャア
氏内！ 最近気持ちが
たるんでるんじゃないか？
ミスは多いし
売り上げも下がってるし
主任になったのだから
それなりの仕事をして
もらわないと困るぞ！
ギャア

おい!!
この得意先への見積書、計算が間違ってるぞ！ちゃんと確認してるのか！
ゴゴゴ
先月分の経常利益がまだ出てないぞどうなってるんだ？
バサァッ
きみのチームは遅刻が多いな部下にそんなことを許してるのか？
部下の管理はきみの責任だぞ
おはようございます
申し訳ございませんこれからは、このようなことがないように注意します
そのセリフはもう聞きあきた！来月もこのままだったら降格も考えるぞ！
はい…
どうしてぼくはダメな人間なんだろう…

ぼくに主任なんか無理だったんだよ…
部下にも馬鹿にされるし上司にも言われっぱなし…
……
ん？
どうしたのイカリー神妙な顔して
あ、うん
わたしも今年から販売部の主任になったじゃない？で、今日課長に怒られたの
イカリーも!?
売上目標は達成してないし部下は育ってないしで主任やめてもらうぞって言われた
まったくどーなってるんだ！売上目標は…
ガミガミガ
ガミ
なによお店の赤字はわたしのせいだけじゃないのに…

バタンッ
申し訳ございませんでした。
何ぼさっと見てんのよ！あなたたちが協力してくれないせいよ！
ビクッ
なんでわたしだけが怒られなきゃいけないのよ！
売り上げが達成できないのはスタッフみんなのせいでしょ!?
だいたい商品自体に魅力がないのよ！
ね。
怒られてばっかりで頭にきちゃう
だけどうじうじみたいに感じる人もいるんだなぁと思って…
確かに不思議だね ぼくには怒りの感情なんてまったくなかったよ
お!
きみたち、とてもいいところに気がついたね！

きみたちが気がついたように、人は、同じようなできごとに直面してもとらえ方や感じ方は人それぞれだ
うじうじくんとイカリーはまさに真逆のタイプだね
二人の違いを下のようにまとめてみたよ
真逆!?

**イカリーの考え方**

- 部下が協力してくれない
- 販売部の問題なのに、わたしだけを怒るのはおかしい
- 商品が魅力的じゃない

↓

**他人を悪者にしている**

**うじうじの考え方**

- 部下の教育ができていなかった
- 自分の仕事の段取りが悪かった
- 自分が確認を怠った

↓

**自分を悪者にしている**

人というのは何かに悩んだときついつい**悪者探し**をしてしまう
その悪者を自分にするか他人にするかほぼこのどちらかに当てはまるんだ

自分か他人かの悪者探しの答えの違いはそれぞれがもつ**ライフスタイル**（▼P.54）に関係するんだよ
じゃあ先生ぼくみたいに自分を悪者にするタイプはどんなライフスタイルなんですか？
すぐに落ち込む
ずーーん
そんなこと知ってどうするのよ
いやそれはとてもいい質問だよ
自分のライフスタイルを知ることは、自分の感情のコントロールやよい人間関係を築くために大切なことなんだ
落ち着け自分
自分を知ることは自分を変えるための第一歩だ！
なるほどねー
ほらね
まずは自分を客観的に見て自覚すること！
次のページのライフスタイル傾向チェックシートで自分をふり返ってみよう

ライフスタイル①

# 自分のライフスタイルを自覚する

まずは
自分自身と
向き合うこと
から始めよう

ライフスタイルを変えるためには、まず今の自分のライフスタイルを知ることです。左のシートでチェックしてみましょう。自分のライフスタイルを自覚しておけば、困ったときや悩んだときに出てくる自分の悪い傾向がわかり、改善方法も見えてきます。

## まずはライフスタイルをチェック

**ライフスタイル**（▼P.54）とは、その人の思考や行動の傾向のことです。「性格」と似た意味ですが、自分で変えられるところに特徴があります。

### ライフスタイル傾向 チェックシート

自分自身をふり返って、当てはまると思うものにチェックしてみましょう。ライフスタイルに悪い傾向があっても、それもありのままの自分と認めましょう。まずは、自分のライフスタイルを自覚し、意識することが大切です。

- □ 人に嫌われるのが怖い
- □ ものごとに対して慎重
- □ みんなで騒ぐことが好き
- □ 好奇心旺盛だが飽きっぽい
- □ マイペースである
- □ 規則に縛られるのが苦痛だ

ライフ
スタイルの
変え方は、
3限から
解説するよ

心理学用語 **【性格タイプ別行動パターン】** アメリカの研究者フリードマンとローゼンマンが、性格と虚血性心疾患の関わりに着目して定義した、行動パターンのこと。

- □ ときどき自分の無力さを感じてむなしくなる
- □ 友だちをつくるのが得意なほうだ
- □ 思っていることが表情に出やすい
- □ 面倒なことや責任を伴うことは避けたいと思う
- □ スケジュールが決まっていないと落ち着かない
- □ 責任感が強く完ぺきでないと気がすまない
- □ 約束の時間やルールをしっかり守るほうだ
- □ 感情を表に出さないのでクールに見られがち
- □ 何かあっても、だれかが助けてくれると思っている
- □ よい結果、よい成績で一番を目指そうとする
- □ 自分が話題の中心になっていることが好き
- □ 人に対して支配的でときどき攻撃的になる
- □ 人の顔色をうかがって行動している
- □ 優柔不断で自分で決断することが苦手だ
- □ 金銭や評価など、何ごとも損得勘定が判断の基準である
- □ 他人のすることが期待通りでないと、腹が立つ
- □ 競争心が強く、いつも心に秘めたライバルがいる
- □ 理想が高く他人に任せることが苦手だ
- □ あまりベタベタした人づき合いをしない
- □ 「自分は自分」という意識が常にある
- □ 自分は弱い人間だと思っている
- □ 内心は、自分は人より能力があると思っている
- □ 人からの評価をとても気にする
- □ 何かあると悪いほうに考えて不安になる
- □ 失敗などをすると引きずっていつまでも落ち込む
- □ 人から頼まれたり誘いを受けたりすると断れない
- □ どんなことでも人と争うことは避けたい
- □ 人から注目されることに快感を感じる
- □ 何ごとも白黒をはっきりさせておきたい
- □ 上昇志向が強くいつも目標を持っている

心理学用語 **【睡眠時の夢】** アドラーいわく、夢は将来に思い描いていることのリハーサル。眠っているときに見る夢から、その人のライフスタイルがわかると考えました。

# なぜこうなった？

# ぼくのライフスタイル

翌日
あ〜結構
時間かかるな〜
でも途中で帰る
わけにいかないし…
納品完了です
お疲れさまでした〜
ペコッ
ありがとうございました
わぁ〜
早く戻って
書類作らなきゃ！
もう6時だ！
ダッ
氏内！
どこに行ってたんだ!?
提出書類のことは
忘れたのか！
今日といったって、
定時以降は今日とは
いわないぞ！
今何時だと思ってる！
も、申し訳ありません
すぐにつくります…
他のやつに
頼んだからもういい！
あの…主任…
すみません
ぼくが急に頼んだ
ばっかりに…
一言、言って
くだされば、ほかの
人にお願いしたん
ですけど…
あ いいよ
はぁ〜…
どうしてぼくはいつも
自分で全部抱え込ん
じゃうんだろう
人に頼れない性格
なんだよなぁ

どうしたのよ
浮かない顔して
あ、
イカリー
実はまた課長
怒らせちゃってさ
責任感じて
がんばっちゃって
結局いつも自分がパンク
しちゃうんだよね…
うじうじは
甘え下手
だからねぇ～
まさに長男タイプ
ってわけか
？
実は昨日
うじうじが帰ってから…
飲みすぎかい？
先生
もうちょっと
飲みましょうよ～
今日は飲みたい
気分なんです～
つき合ってくださいよ～
さては、イカリーは
末っ子だね？
えっ？
そうですけど
2歳上の
姉がいます
ウフフ
なんで
わかったの？
やっぱりね！
イカリーの甘えん坊な
ライフスタイルは
きみの家族布置《かぞくふち》（▼P.80）
が影響してるんだ
おねえちゃん
末っ子に生まれた人は
子どもの頃から年上の
きょうだいに甘え慣れてるから
甘えん坊になりやすい

ほかの例でいえば長男・長女は親の期待を背負い下の兄弟の世話をさせられて育つからまじめで勤勉責任感が強くなる傾向がある
またはひとりっ子は周りが大人ばかりで育つから年上の人との人間関係が上手になる傾向があるんだ
…なんだって
だから、うじうじのその甘え下手は、家族布置の影響なんだなと思って
なるほどー
でも同じ長男でも全員が同じ性格になるとは限らないよね それはどうして？
そういえばそうね
じゃあさ今週末、先生の研究室に行ってライフスタイルのこと、もう少し聞いてみようよ！
私も知りたい！
え、いいのかなそんな急に先生も忙しいんじゃ…
大丈夫よ先生なら！
うじうじってホントまじめだよね～
よっ長男！

ライフスタイル❷

# ライフスタイルはどうやってつくられる？

ライフスタイルは
人それぞれ！

## ライフスタイルは4～5歳でつくられる

アドラーは、人間の性格のもとになるものを、**ライフスタイル**（▼P.54）と呼びました。

ライフスタイルは、ことばを習得し、記憶が蓄積され始める4～5歳で一度つくられるとされています。その後、さまざまな経験を積み重ねていくなかで、その人のライフスタイルとして確立していきます。

## 自分自身がつくるもの

しかし、同じ環境、似た経験をした二人がいたとしても、両者が同じライフスタイルになるとは限りません。なぜなら、ライフスタイルをつくるのは、周りではなく、あくまでもその人本人だからです。

人は、何らかのできごとに向き合うとき、自分自身で意味づけを行い、その都度、判断をしていきます。これは、アドラー心理学の理論の一つである、**自己決定性**（▼P.40）によるものです。

## 身体的特徴による影響

ライフスタイルの決定に影響する要因として、アドラーは①**身体的な特徴**、②**環境**があるとしています。

①の身体的な特徴とは、社交的、几帳面などといった**遺伝子によるもともとの気質**や、身体

心理学用語 **【早期回想】** アドラーが用いた、ライフスタイル分析方法。その人の最も古い記憶を思い出させ、そのときの感情やその理由から、ライフスタイルの傾向を知るというもの。

に先天的な障害があるといった**器官劣等性**《きかんれっとうせい》（P.52）のことです。

アドラーは、幼い頃、くる病に悩まされていました。人によっては、周囲の人間を、自分をあざ笑う敵と見なすかもしれません。また、器官劣等性を理由に、困難に立ち向かうことを避ける人になるかもしれません。しかしアドラーは、自分の障害に対して家族は援助してくれたという意味づけをし、両親に感謝の気持ちを抱きました。このことから、器官劣等性がアドラーのライフスタイルの形成の一要因であったことがわかります。また、ライフスタイルが自分によってつくられることを、アドラー自身の経験からも証明しているのです。

## ライフスタイルの形成

個々のライフスタイルは、身体的特徴と環境要因をもとに、さまざまな場面で自己決定を繰り返し、パターンがつくられていきます。

### 影響❶ 身体的特徴

**・遺伝的気質**

生まれつきの、遺伝子による気質のこと。

**・器官劣等性**

肉体的に、生活に支障をきたすような先天的な障害があること。

### 影響❷ 環境

**・家族布置《ふち》**

誕生順位、きょうだいの数、きょうだいの性別分布、家族の雰囲気、家族の価値観など。

**・文化**

共同体特有の価値観と、それに基づく行動パターン。国民性、地域性など。

↓

**自己決定**

↓

**ライフスタイル**

心理学用語 **【棲《す》み分け】** 親の注目をめぐって、きょうだいが得意とする分野で争うことを避け、自分の得意分野を伸ばそうとすること。

## 生まれ順による家族環境の影響

②の環境による影響は、きょうだいの数と生まれ順、性別の分布といった家族の配置（**家族《かぞく》布置《ふち》**）が、重大な意味を持つといいます。

たとえば**第一子**であれば、生まれてからは親の愛情を一身に受けて育ちますが、第二子が生まれると、親の注目は途端に幼い第二子へ向かいます。第一子は、何とか親をつなぎとめようと、ほめられる行動をとったり、反対に親の目を引こうとして困らせたりします。また子どもの頃のこの経験から、ライバルの出現を恐れるなど、保守的になります。

複数のきょうだいの**中間子**であれば、生まれながらに親の完全な独占はできず、親からの関心は薄くなります。その結果、自立心が早く芽生えるかもしれません。

**末子**は、親の注目がそれることを経験しないため、依存性が高くなるとされています。

## 親子関係も大きく影響

親の気質や価値観は、家族の特徴をつくり、そのなかで育つ子どもは、大きな影響を受けます。勉強や遊びの重視の仕方、放任度、厳しさの度合など、多くの要因が関わります。ほめ方、叱り方も影響し、これは家族布置と相まって、**きょうだい間競争**を生じさせます。これらすべてが、ライフスタイルをつくっていくのです。

## 住んでいる社会の文化の影響

環境には、**文化**の影響も考えなければなりません。

奥ゆかしさが美徳とされる社会であれば、自己主張の強くない人間に育つかもしれません。地域あるいは家族が同じ宗教であれば、当然大きな影響を及ぼすでしょう。中国の一人っ子政策も、家族布置の観点から、ライフスタイルを変化させるといってよいでしょう。

心理学用語　**【エディプスコンプレックス】**　フロイトが提示した概念。男子が母親に対して強い愛情を抱き、太刀打ちできない父親に対して憎しみや恐怖感を抱くこと。

## 誕生順による性格傾向

生まれた順位ごとに、おおよその性格傾向があるとされています。下の区分はアドラーが提唱していた分類です。ただし、すべての人に当てはまるものではないので、傾向としてとらえるようにしましょう。

### 第一子

・勤勉で努力家
・責任感が強い
・世話好き、教えることが上手
・注目を浴びようとする
・支配的になりやすい
・一番を目指そうとする
・ものごとに対して慎重
・プライドが高い
・周囲の期待に応えようとする
・ライバルの出現を恐れる

### 単独子

・自己中心的になりがち
・甘えん坊
・さびしがり屋
・注目を集めたがる
・自分を特別だと感じる
・マイペース
・理想が高い
・同年代より年の離れた人との対人関係のほうが得意
・責任感が強い

### 第二子

・自分より上の誰かに追いつこうとする
・競争心が強い
・よい子を演じがち
・いつも全力投球

### 中間子

・どんな人ともうまくつき合える
・空気を読むのがうまい
・自立心が強い
・ひがみっぽい
・目立たず、無難を選ぶ

### 末子

・上の者を脅《おびや》かす行動をすることがある
・甘えん坊
・だれかの援助に頼ろうとする
・責任を引き受けたがらない
・自分は一番弱いと感じている

心理学用語 【マザーコンプレックス】 男性が、成人になっても母親に過度に依存し、愛情を向けている状態のこと。アドラーは、母親に甘やかされて育つ単独子に多いといいます。

ライフスタイル③

# ライフスタイルは変えられる

アドラーは
性格さえも
変えられると
いっています

## 自分に原因があるのだから自分で変えられる

4～5歳でつくられるライフスタイルですが、自分自身で変えることができます。これがアドラー心理学の、注目すべき点です。

同じ**家族布置**（▼P.80）で、似たような家族環境であっても、ライフスタイルが同じになるとは限りません。なぜなら、どうすべきか考え、行動を選択してきたのは、ほかならぬ自分自身だからです。

「親が無関心だったから意欲のない人間に育った」という人がいます。でもそんな人はたいてい、無気力から逃れたいと思いつつも、このままのんびりしていたいと願っているものなのです。自分の短所の原因を過去にもっていき、楽になっているだけといえるでしょう。

もし意欲的な人間になりたいと本当に願うなら、「親は無関心だったけど、自力でがんばる」と考え、行動すべきです。考え方を変えれば、ライフスタイルは変えられるのです。

## 過去の記憶も変えられる

「意味は状況によって決定されるのではなく、われわれが状況に意味を与えて決定するのだ」とアドラーはいっています。

「自分は甘やかされて育ったからわがままだ」と思っていた人が、考え方を変え、周りに気配りのできるライフスタイルになりました。する

アドラーの名言

**一本の線を引く時、目標を目にしていなければ、最後まで線を引くことはできない**（『教育困難な子供たち』）

と、その人にとって、過去の甘やかされていた記憶は、「親に優しくしてもらった」記憶に変化するのです。「だから自分は周りにも優しくできる」と、その人の解釈は変わりました。

アドラー心理学に、トラウマ（▼P.94）という考え方はありません。「過去の経験のなかから、自分の目的に合ったものを見つけ出せばよい」とアドラーはいっています。

## 同じ過去がこんなに変わる！

過去の事実は変わりませんが、ライフスタイルを変えることによって、過去の悪い記憶を、よい記憶に変えることも可能になります。

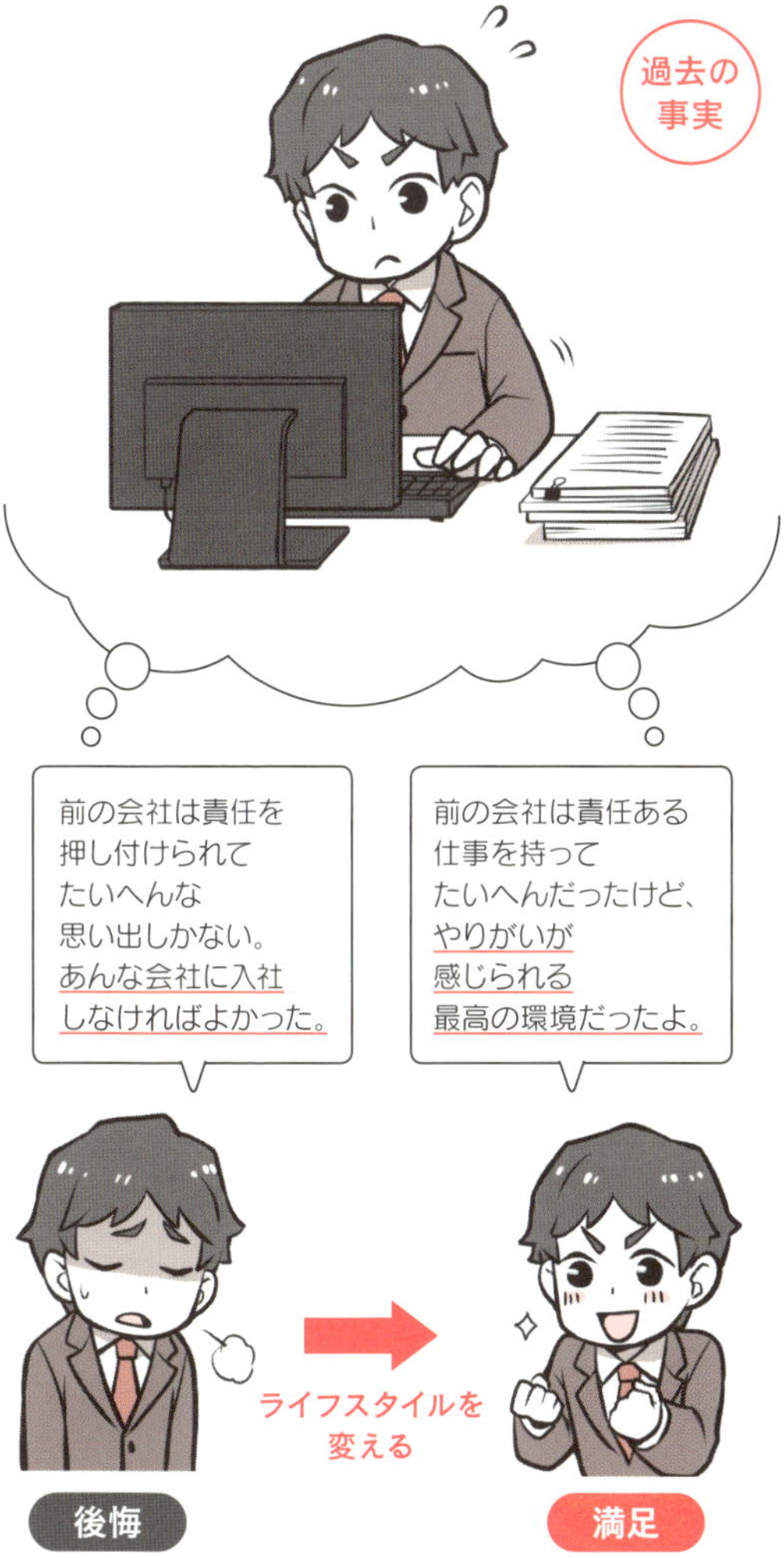
過去の事実
前の会社は責任を押し付けられてたいへんな思い出しかない。あんな会社に入社しなければよかった。
前の会社は責任ある仕事を持ってたいへんだったけど、やりがいが感じられる最高の環境だったよ。
ライフスタイルを変える
後悔
満足

アドラーの名言

年下の子どもが生まれる。そのことが「原因」となって第一子が必ず悪化するとはいえない（『子どもの教育』）

休み時間 アドラーの人柄がわかるエピソード

# アドラーの趣味

心理学の講師としてどんなに有名になっても、
アドラーは決して高圧的に振る舞ったりせず、すべての人に関心を持ち、
子どもから大人まで、どんな人とも対等な立場で関わりました。
アドラーの周りには、いつも人がいて、どこにいても人気者でした。

## リラックスと人間研究のための映画鑑賞

アドラーは、一日の仕事が終わり、あいた時間があると、よく映画館へと足を運びました。心と体をリラックスさせるという目的もありましたが、映画の脚本に描かれる人間模様と、俳優の演技に関心があったのだといわれています。

## 行きつけのカフェ・シラー

アドラーがオーストリアで活動している頃、シラーというお気に入りのカフェがありました。アドラーは、仕事を終えるとたいていそこに行き、深夜一時や二時頃まで、友人や学生たちと親しく議論することが好きでした。

話し合いには、だれが参加しても歓迎されました。

## アドラーは美声の持ち主だった

アドラーの声はとても美しく、ときには友人のためにオペラを歌ったり、ピアノを弾きながら娘と歌ったりするなどして、音楽を楽しんだといいます。特に、クラシックやポピュラー音楽を好みました。

ADLER'S PSYCHOLOGY

# 3限
# 自分を変える思考スイッチ切り替え法

自分自身が
変わることで
人間関係も
円滑になるよ！

アドラー心理学マンガ

# 無意識にやっている
# 考え方の悪いクセ

あぁー！
またプレゼン失敗だー
ぼくのプレゼン力がないせいで契約のチャンスが…
って、また自分のせいにしちゃってる！抱え込むのは悪いクセだ！
このクセをやめなくちゃ
ぐっ
今回の失敗の原因は、きみたちの資料作成に問題があったからだと思うよ
あと情報収集も足りていなかったと思う
ムッ
すみません、課長 今回は、部下の力不足で新規契約を逃してしまいました
氏内…

部下のせいにするんじゃない！
その部下を指導しているのはお前だろ！
ヒソ
ヒソ
いつもの氏内主任だったらそんなこと言わないのにねぇ
なんだよやっぱりうまくいかないじゃないか…
一方、イカリー
あーもう！
終わらない！なんでこんなにやることが多いのよー！
キッ
い、猪狩主任すいませんぼくのクレーム対応に巻きこんでしまったせいで…
わたしも商品の在庫チェックに時間がかかってしまって…
やばいまた怒りだすぞ…
ハッ
おっと、また人のせいにするところだった
ううんいいのいいの
わたしの仕事効率が悪いせいだから気にしないでみんなはもう帰っていいよ！
そ、そうですか？

おつかれさまでしたー
チク…
タク…
チク…
タク…
うわっ もうこんな時間!
明日は主任研修だったんだ!
やばい!
帰らなきゃ!
翌日…
ドンッ
遅くなってすいません!
時間厳守なんて社会人の基本だぞ! 自覚がなさすぎる!
やっぱりみんなに手伝ってもらえばよかった…
というわけでいつものクセをやめてもうまくいきませんでした…
結局、自分のせいか他人のせいかどちらにしたらうまくいくんですか?
残念ながら…どちらもうまくいく考え方ではありません

← **自分をふり返って、悪いクセを見直していこう！**

実践編
自分を変える
1

# 勇気づけとはどんな技法か

## 勇気づけは対人関係を円滑にする

アドラー心理学の重要なテーマは**勇気づけ**（▶P.38）。まずは「勇気づけの思考スイッチ」で、自分を変えましょう。

アドラー心理学の勇気とは、「困難を克服する力」のこと。人間の悩みはすべて人間関係。自分自身に活力を与えれば、人間関係を楽にとらえられるようになるのです。そして、自分を勇気づけられる人は、他者も勇気づけることができます。つまり、自分を勇気づけられれば対人関係の困難は克服できるのです。

そんな勇気づけは、「目的意識を持ってポジティブに考えること」から生まれます。

## 自分を勇気づけるための心の持ち方

次のページから述べていきますが、自分を勇気づけるためには、まず過去のことを一度保留にして、未来に目を向ける**目的思考**が重要です。目的思考では、相手との共同の目的を考えます。その目的の中で、自分ができることを考え、実行するように心がけましょう。

また、悲観的に考えることをちょっと休めてみましょう。悪い未来を想像しても、現実はよくなっていかないのは明らかですよね。楽観的になることで、前向きになれます。

そして笑顔を忘れないようにしましょう。笑顔は、周囲だけでなく自分も元気にします。

まずは自分を
勇気づけよう！

心理学用語　**【自尊感情】**　自分自身の欠点や弱さを否定せずに、肯定すること。自信・自尊心の心理学用語。自尊感情の高い人ほど、自分に自信があるとされます。

## 勇気は困難を克服する力になる

人間が生きていくうえで生まれるさまざまな課題や困難に立ち向かうためには、勇気が必要です。そのために勇気づけを行って、勇気を育てましょう。
自分自身を勇気づける場合も、他者を勇気づける場合も重要なのは、貢献度です。自分や他者がどう貢献したらよいのかを考えることが大切なのです。

勇気
困難

## 勇気づけのポイントとその効果

勇気づけを実際に行うと、どのような効果が得られるのでしょうか。

**勇気づけ**

がんばったね！
会社のみんなも
喜ぶよ！

その人が周囲の役に立っているということを実感させるのがポイント。特に、感謝の気持ちを伝えるのは効果的。

**自立的になる**

次も
みんなのために
がんばるぞー！
ぐっ

周囲のためになることをしたいと思い、そのためにどうすればよいかを自分で考えられるようになる。

心理学用語
**【自己効力感】** 何かの課題に対して、「これなら自分にできる」という自信のこと。人は、自己効力感が高いほど前向きになれるとされます。

実践編
自分を変える②

# 過去をふり返らず目的思考で生きる

## 過去の解釈は自分次第

自分自身への**勇気づけ**（▼P.90）で、まず大切な考え方に**目的思考**があります。

わたしたちは困ったことが起きたとき、「何がいけなかったのか」「どうしてあのときの選択を失敗したのか」などと、つい過去に原因を求めようとします。これを**原因論**（▼P.42）といいます。

たとえば、たいへんな仕事に次々直面したとき、「こんなことなら、別の会社に就職しておけばよかった」という人がいるとします。しかし、この状況をプラスに解釈すれば、「この会社にいるから、仕事をたくさん任せてもらえる」「違う会社に入っていたら、もっとたいへんだったかもしれない」などと考えることもできるのです。

プラスとマイナスのどちらの解釈をしたとしても、「この会社に就職を決めた」という過去は変えられません。であれば、そのときの自分の選択は正しかったと信じ、未来へ向けて元気を出したほうがいいですよね。

## これから何ができるのか？　と問う

未来は、自分次第で変えることができます。そのためには、これから何ができるかを考えましょう。

これが目的思考です。

過去のことより
未来に
目を向けよう

心理学用語 **【動機づけ】** 動機は行動を起こすきっかけのことで、動機づけを行えば、その行動を継続して行うことができます。モチベーションともいいます。

先の例であれば、「今会社で仕事をしている目的は何だろう？」と、立ち返ってみるのも一つの方法です。自分が本当に求めているのは「お金をもらうこと？」「安定した生活？」など、いくつかの目的が見えてくるかと思います。そういった目的に向けて、今からできることを考えます。

その一つとして、たとえば「たくさんの仕事を確実にこなすこと」があげられるでしょう。それが実現すれば、より高い地位について、より多くのお金を手にすることができるかもしれません。生活も、さらに安定するかもしれません。

それでもやはり考えた末、転職を選ぶ場合もあるでしょう。しかし過去を悔いて転職するのと、未来を目指して転職するのとでは、意味が違います。

後者のほうが、今後の困難を乗り越え、活力を生むことができるのは、明らかでしょう。

## 過去より未来について考える

過去を反省するとき、アドラーは原因論よりも、目的論を提唱しています。

原因論
=
過去志向
A社の担当から
はずれた…
仕事で失敗
したからだ…
うじ
うじ
目的論
=
未来志向
A社の担当からは
はずれたけど、A社の
仕事がしたい！
担当に戻れる
ようにA社に
ついて調べよう！

心理学用語 【原因帰属】 成功や失敗の原因がどこにあるかを探ること。オーストリアの心理学者ハイダーが、原因帰属の仕方は、人により異なると説きました。

実践編
自分を変える
③

# トラウマは自分の思い込み？

## マイナス経験はトラウマになるとは限らない

よく「**トラウマ**だから、わたしには無理…」などということばを耳にします。トラウマとは精神的・肉体的にショックなできごとに遭遇したときに負う心の傷のことで、これが持続的に続くと**PTSD**《ピーティーエスディー》という精神疾患を引き起こします。PTSDまでいくと専門的治療が必要ですが、アドラーはトラウマの存在を否定し、問題はその人の考え方のなかにあるとします。

たとえば、「中学生のとき英語の発音でみんなに笑われた」ことがあったとします。それに対して、「もう英語は話さない」と考えた人は、トラウマになっているかもしれません。でも「だから英語の発音をもっと勉強しよう」と考えた人はどうでしょう。トラウマどころか、今や英会話の得意な人になっているかもしれないのです。

過去のマイナスの経験が、トラウマになるか、発奮材料になるかは、今の考え方次第です。

## トラウマにせず次へのステップとする

深刻な場合を除き、トラウマだと思っている人は、「できない」と思い込んでいませんか？

現在でも、苦手なこと、うまくいっていないことに直面している人がいるかもしれません。でも、それをどう受けとめるかは、自分次第。苦手意識やトラウマをつくるのではなく、次にうまくいくためのステップにしたいですね。

考え方次第で
トラウマは
ステップアップの
チャンスになるよ！

心理学用語 **【トラウマ（心的外傷）】** 災害や戦争体験、性的暴行などのショックの大きいできごとに遭遇したことで心に傷を負い、その影響がいつまでも続くこと。

## 「できない」かどうかは受け止め方による

同じ経験をしても、トラウマになる場合とならない場合があります。できないと思う人は、実は自分でそうした自己決定をしているだけかもしれません。

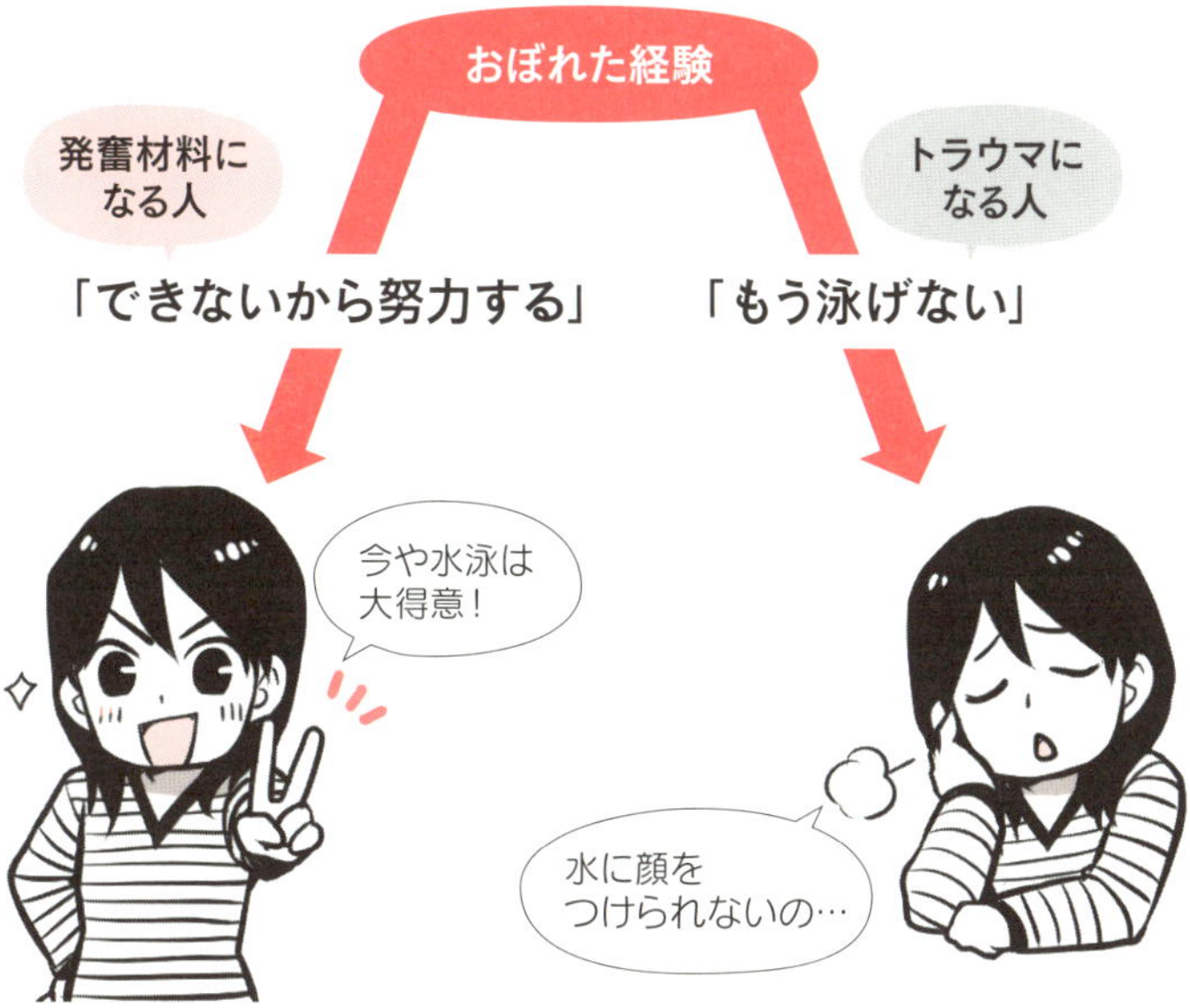
おぼれた経験
発奮材料になる人
トラウマになる人
「できないから努力する」
「もう泳げない」
今や水泳は大得意！
水に顔をつけられないの…

## トラウマの本当の理由とは？

トラウマによって「できない」と思っている人は、できないのではなく、チャレンジをためらう何かしらの理由があるのです。たとえば、自転車で転んだことがきっかけで、自転車に乗れなくなった場合、右のような理由が考えられます。トラウマだけが、できない理由ではないのかもしれません。

トラウマ
乗れない…

**理由**

- 失敗したくない
- 練習が嫌い
- 時間がない
- ほかの遊びがしたい

心理学用語 **【PTSD（心的外傷後ストレス障害）】** 強いトラウマ体験によってパニック症状、抑うつ症状、不眠症などを引き起こす、不安障害の一つです。

実践編
自分を変える
④

# 怒りを捏《ねつ》造《ぞう》していることに気づく

怒りは
対人関係を
悪化させる
だけだよ！

## 怒りの目的を探る

**怒り**は、対人関係においてマイナスな感情です。怒りを避けるためにはどうしたらよいのでしょう。

たとえば、上司が部下に大事な書類の作成を頼んでいたけれど、やっていませんでした。上司は「なぜやっていない！」と怒ってしまいました。この怒りの正体は何でしょう。書類ができていないことに対してでしょうか。そうであるなら怒る必要はありません。怒っても書類はできないからです。

ここでの怒りは、約束を破ったことに対してであり、書類ができなかったのは、「自分は正しいのに、おまえが正しくないからだ」と主張しているのです。できていない書類を何とかしなくてはいけない、という目的が、相手を責める怒りでおおわれてしまいました。

怒りには、「自分の正義感を発揮したい」「主導権をとりたい」「相手を支配したい」「自分の権利を擁護したい」などの目的が隠れています。自分が怒ったとき、相手に怒られたとき、まずその**怒りの目的**を考えてみましょう。本当の目的と違うところで怒りが生じることが少なくないことに、気づくはずです。

## 怒りはコントロールできる

怒りは相手に対して起こる感情です。例のよ

心理学用語 【支配欲求】 だれかを自分の思い通りに動かしたい、支配したいと思う欲求のこと。虐待には、この欲求が働くといわれます。

うに「書類作成を急ぐ」のであれば、怒りは必要ありません。約束は守るべきだと伝えるにせよ、書類づくりに今からどう立ち向かうかを、依頼した相手と考えるべきですね。

怒るよりもまず、優先すべきことに立ち返りましょう。怒りは、自分で捏造していることも少なくありません。「今、何をすべきか」などという相手とのコミュニケーションに力を注ぐことで、怒りをコントロールできることを知っておきましょう。

## 怒りの主な目的

怒りには必ず目的があります。部下が仕事の報告をしておらず、上司が激怒しているとします。そのとき上司には次のような目的があります。

**主導権をとりたい**
部下に馬鹿にされないため。

**支配したい**
部下を自分の思い通りに動かしたい欲求。

**権利の擁護《ようご》**
自分の思い通りに仕事が進まなかったことを主張するため。

**正義感の発揮**
報告しなかったことを、責めるため。

**心理学用語** 【攻撃行動】 他者に身体的・精神的に危害を加えること。多くの心理学者がこの起因を研究しており、フラストレーション攻撃説などの説があります。

実践編
自分を変える
⑤

# 怒りの根源を探る

## 怒りは単独で発生しない

怒りには必ず目的があるので、自分でコントロールすることができると述べました（▼P.96）。コントロール可能とはいえ、怒りの感情は、ほかの感情に比べて特に突発的です。そのかじ取りに慣れないうちは、怒りの目的を探る前にカッとなって怒ってしまい、後悔してしまうこともあるでしょう。

怒りの根底には、不安、悲しみ、さみしさ、落胆、心配、悔しさなどといった感情が隠れています。これらの感情を、**一次感情**といいます。それに対して、怒りは**二次感情**と呼びます。怒りは決して、怒りそのものが単独で発生することはありません。必ず一次感情を伴います。まず一次感情が発生し、それが満たされないときに、怒りなどの二次感情によって補おうとするのです。特に怒りは、最も対人関係の要素の強い感情といわれます。

ですから、怒りが湧いてきたときは、その怒りの一次感情を探ってみましょう。カッとなる前に、まずはその怒りの根源が何かを、冷静に考えて気づくことが大切です。一次感情が明確になれば、怒りの目的を探ることも容易になるでしょう。

感情には
一次感情と
二次感情が
ある！

## 一次感情を伝える

たとえば、部下が大事な会議に遅刻してきた

心理学用語 **【フラストレーション】** かなえたい欲求が何かに阻止されて、かなわない状態。フラストレーションが高まると、攻撃的な行動が多くなるとされています。

場合。怒りに任せて「あれだけ大事な会議だと言ったのに、なぜ遅刻したんだ!!」と怒鳴り散らすのは逆効果です。部下に不快感を与えるばかりか、部下は上司に恐怖心を抱くかもしれません。対人関係は悪化してしまうでしょう。

ここは、怒りをぐっとこらえて、一次感情を探ってみます。この場合、事前に伝えたのに遅刻してきた部下への落胆、上司の指導不足を注意されるのではないかという不安、部下の成長に対する心配、などがあげられるでしょう。

だから、決して声を荒げずに「大事な会議だと伝えたのに遅刻するなんて、がっかりしてしまったよ。これを続けたら、社内の信用を失ってしまうぞ」といったように、伝えましょう。

ただ怒りをぶつける前者よりも、素直に一次感情を告げたほうが、上司の気持ちがストレートに伝わります。部下も自分のことを心配してくれている、という気持ちになり、反省の気持ちが高まるでしょう。

## 一次感情と二次感情の関係

二次感情である怒りが発生するには、まず不安や悲しみ、落胆などの一次感情が先に発生します。二次感情に対する一次感情は一つではなく、複数の感情が潜んでいる場合もあります。

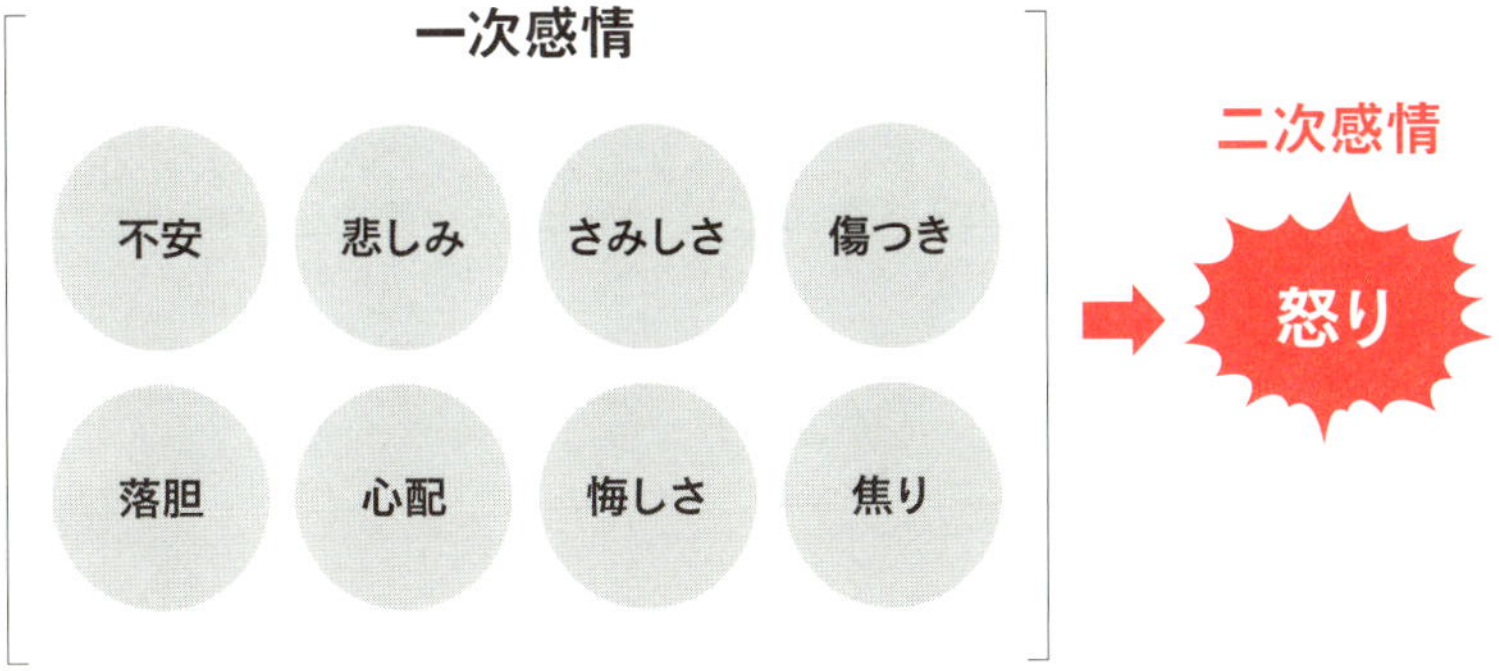
一次感情
不安
悲しみ
さみしさ
傷つき
落胆
心配
悔しさ
焦り
二次感情
怒り

心理学用語 **【情動】** 感情（▶P.118）のなかでも、より原始的で本能的な感情。急激に発生して一過性があり、情動に伴って心拍数が上昇するなど、身体変化が出ることも。

実践編
自分を変える
6

# いい人から建設的な人を目指す

## 思い切って断ってみる

人はふつう、多くの人から好かれたいと思います。周りのみんなから、すてきな人だと言われたいと願うものです。

ところが、好かれたいと思うあまり、頼まれて嫌と言えない人、断れない人、いわゆるいい人になっていませんか。いい人は、悪い言い方をすれば便利屋さん。そういう人は、どうしても無理がたたってつらくなり、人間関係がうまくいかなくなる場合があります。

すると、周りの人から嫌な人に見えてしまうものです。これでは、いい人でいるメリットはありませんね。

思い切っていい人はやめてはいかがでしょうか。そして、無理をしてしまいそうな頼みは、きっぱり断る勇気を持ちましょう。わたしたちは、人のために生きているわけではありません。**「自分がどうしたいのか」をよく考え、それに向かっていく決断をしましょう。**

いざ実行してみると、けっこう簡単に断れるものです。

## お互いの目的のために何ができるか

人は一人で生きているわけではありません。友人や家族、職場の人々とともに生きています。それぞれに**人間関係**があり、人間関係それぞれに、目的があります。その目的のために、自分

ただのいい人になってないかな？

心理学用語 【自己卑下的帰属バイアス】 成功すると運や他者のおかげと謙遜し、失敗は自分の能力や努力不足のせいにする傾向のこと。日本人に多いとされます。

に何ができるのか、何をすべきかを考えるようにします。目的の実現を優先的に考えれば、「今、自分は便利に使われているか、そうでないか」が見えてきます。そして断ってもいいことかどうか、判断できるでしょう。

お互いの目的のために何ができるかを考えて行動する人が**建設的な人**です。いい人から建設的な人へ脱皮しましょう。建設的な人は、無理をしない人間関係を築くことができ、自分を**勇気づける**こともできるはずです。

## 建設的な人とは？

いい人と建設的な人では、どのような違いがあるのでしょうか。営業職の男性を例に、残業を頼まれた場合で見てみましょう。

**いい人**

営業の成功
いい人に見られたい
この仕事お願い♡
お、OK…

体調がよくないので、本当は残業などしたくない。それでも、自分が無理をしてでも断れずに引き受けてしまう。

**建設的な人**

いい人に見られたい
営業の成功
この仕事お願い♡
今日は無理！

翌日は万全な体調にして、一つでも多く営業先を回ったほうが、会社のためになると考え、今日の残業は断る。

心理学用語 **【自己高揚帰属バイアス】** 成功は自分の努力や能力のおかげとし、失敗は他者や環境のせいにする傾向のこと。人間関係を重視する集団ではあまり見られません。

実践編
自分を変える
⑦

# 嫌われてもよいと考える

## 「嫌われないように」は無理なこと

「人から嫌われたくない」。これもP.100同様、だれでも思うことです。「空気が読めない」などのことばもあるように、周囲の雰囲気を感じ取って、ある程度協調していくのは、日本人社会では自然なことです。

しかし、気にするあまり、人の顔色をいつもうかがっている、なんてことになっていませんか。「嫌われないように」が目的になると、どの人にも合わせていかなければならなくなります。しかし、それは無理なことです。自分の自由がなくなるばかりか、自分にも周囲にもウソをつくことになってしまいます。

## 思い込みや好き嫌いから抜け出る

何人かに嫌われたように感じただけで、「みんなに嫌われている」と思う人がいます。それは間違った**思い込み**です。冷静になって自分を嫌っている人の人数を数えていけば、全員に嫌われているわけではないことがわかるでしょう。むしろ、自分の味方でいてくれる人も見つかるかもしれません。

嫌われていると感じるなら、いっそのことそんな自分を受け入れてしまいましょう。この世界には、だれにでも好かれる人はいないのですから。

好き嫌いは気にせず、「自分はこの人間関係

だれにでも
好かれる人
なんて
いないんだ！

心理学用語 **【対人魅力】** 他者に対して抱く好意や嫌悪などの感情のこと。外見や環境など、さまざまなものから判断されます。

のなかでどのような貢献ができるか」「自分らしく生きるにはどう行動すればいいのか」を優先して考えましょう。

それには、相手とどのような目的でつき合っているのかを見つめ直すとよいでしょう。会社での人間関係であれば、自分はどんな仕事をすれば、その場に貢献できるのか、お互いに協力し合えるのかを優先して考え、実践するのです。

それができていれば、逆に滅多に嫌われることはないはずです。

## コントロールできないものはしかたない

自分が好かれているか嫌われているかを決めるのは、結局は相手の感情であって、自分自身ではありません。自分ではどうすることもできないのです。どうしようもないことを気にする必要はありません。

そう思えれば、人間関係の悩みは軽くなっていくでしょう。

### 思い込みや苦手意識を捨てる

間違った思い込みや誇張などの状態を、ベイシック・ミステイクス（基本的な誤り）と言います。

| 陥りがちな考え方 | → | アドラー心理学での対処法 |
|---|---|---|
| **● 見落とし**<br>「（評価された面もあったのに）意見を全否定された」と、一部分しか見てないこと。 | | **● 受け入れ**<br>「また悪い方向に考えてしまっているな」と、自覚すること。 |
| **● 思い込み**<br>「あの人に嫌われている」というように、可能性に過ぎないことを決めつけて考える。 | | **● 分析**<br>「本当にみんなから嫌われているのか」などと、自問してその証拠を探してみる。 |
| **● 過度の一般化**<br>「今日遅刻したから降格だ…」と、ある一部分の問題点を、すべて問題だととらえる。 | | **● これから何ができるかを考える**<br>「こういったやり方はどうだろう?」と、自滅的になって悩む前に、対処法を考える。 |
| **● 誇張**<br>「みんながわたしをいつも悪く言う」など、ものごとを大げさにとらえる。 | | **● 目的を探す**<br>「自分はどうしたいのだろう」と、自分の目的を探ってみる。 |

心理学用語 **【パーソナリティ障害】** 一般的な常識よりも、偏った思考や行動で、社会生活を送るのが難しくなってしまうこと。抑うつ状態や情緒不安定などを引き起こします。

実践編
自分を変える⑧

# 苦手な人を再度考えてみる

## 苦手意識は記憶から生じる

「なぜかわからないけれど、あの人は苦手」と感じることはありませんか？ **苦手意識**は、どこからくるのでしょうか。それは、過去の記憶による影響が大きいようです。たとえば、かつてだれかにひどく怒られた経験をした場合、怒られた相手に似た感じの人に対して恐怖を感じる、といったことです。このように、出会った人が、これまで会ったどの人に似ているかによって、印象がつくられることが多いのです。そのため無意識のうちに、苦手、好き、まあまあに分類してしまうものなのです。

人は、程度の差こそあれ、**先入観**を持って人を見てしまうことを、知っておきましょう。

## 自分の価値観は絶対ではない

「あの上司は、せっかちでしかも気が強いから苦手だ」。自分がそう思っても、他の同僚は苦手意識を感じていないことはよくあります。むしろ「行動力があり、考えをはっきり述べる上司」という好評価が聞かれることもあります。

**人によって見方は千差万別。短所は長所にさえなる**（▶P.184）のです。その上司を苦手に思うのは、自分がのんびり屋で気が弱い性格だからかもしれません。**自分の価値観**は絶対ではないことを知り、苦手な人から新しいものを吸収するくらいの気持ちでいてもいいでしょう。

案外、自分の思い込みで苦手意識を持ってないかな？

心理学用語 **【ラベリング】** 初対面の印象で、無意識のうちにどのような人間なのかをイメージづけてしまうこと。第一印象の心理学用語。

## 人は必ず主観的にものを見ている

人はだれでも、主観という色眼鏡でものごとを見ています。ものごとを見るとき、その主観によって判断するので、よくも悪くもとらえられるのです。

**人がものごとを見るとき** ➡ **主観によって見方が異なる**

## 短所は長所に置きかえられる

短所は、見方を変えれば長所にもなります。他者の短所が気になる場合は、そこも長所だと思うようにして、発想を転換してみましょう。

| 短所 | ➡ | 長所 |
|---|---|---|
| 気が弱い | | 優しい |
| 気が強い | | 意見がはっきり言える |
| 優柔不断 | | 思慮深い |
| いばっている | | リーダーシップがある |
| 口下手 | | 聞き上手 |
| おしゃべり | | 人なつっこい |
| 協調性がない | | 独自性がある |
| 頭が固い | | 真面目 |
| 八方美人 | | だれとでも仲よくできる |
| せっかち | | 思いたったらすぐ行動 |
| 頑固 | | 意志が強い |

心理学用語 **【寛大効果】** 他者を評価するとき、長所は過大評価し短所は過小評価してしまうこと。たとえば恋人から暴力を受ける女性が「彼は本当は優しい」と許してしまう状態。

実践編
自分を変える
⑨

# セルフトークでライフスタイルを変える

## ネガティブな口グセに注意

「ぼくは手先が器用」「わたしはけっこうがまん強い」など、自分で自分を表現することばがあります。それを**セルフトーク**といいます。わたしたちは無意識のうちに、案外たくさんのセルフトークをしているものです。

セルフトークのなかには、他者から言われ続けたことが、いつのまにか「ぼくは」「わたしは」に主語が変わり、自分に向けて言うようになるものがあります。器用とか、がまん強いなど、よい内容ならかまいませんが、悪い内容もあります。「気が小さいね」と言われ、「ぼくは気が小さいのかな」とセルフトークをします。マイナス評価はプラス評価よりも心に残りやすいものです。「ぼくは気が小さいかもしれない」「ぼくは気が小さい」と口グセのように続ければ、やがて自分は本当に気の小さい人間だと思い込んでしまいます。これは危険なことで**悪魔のささやき**とも言われています。

自分でどんなセルフトークをしているか、思い出してみましょう。

## セルフトークがセルフコンセプトになる

セルフトークは、自分自身のイメージをつくり上げてしまうほど、影響力があります。アドラー心理学では、セルフトークによってできるイメージを**セルフコンセプト**といいます。

セルフトークを行うことでなりたい自分に近づけるよ！

心理学用語 【セルフケア】 自分の健康を、自分自身で管理・維持すること。身体的なものだけではなく、心の健康も含まれます。少子高齢化に伴い、注目を浴びています。

たとえば「ぼくは気が小さい」というセルフトークが、いつのまにかその人を、だれから見ても「気が小さい人」にしてしまうことがあるのです。

それならば逆に考えましょう。ポジティブなセルフトーク（**天使のささやき**）を言うように心がければ、ポジティブなセルフコンセプトもできあがります。「ぼくは、本当は大胆」「わたしは実はおおらか」などと、なれたらいいなと思える自分をセルフトークしてみましょう。それがセルフコンセプトとなって、本当にそのようなイメージの人に、なれるものです。

## ポジティブなセルフトークを心がける

セルフトークにマイナスのことばはNG。周りからそうしたことばを言われたとしても、プラスのセルフトークで自分を高め、自分の理想に近づきましょう。

わたしには指導力がある
わたしはやさしい
わたしはおおらか
わたしにはリーダーシップがある

↓

**セルフコンセプト**

## マイナスのセルフトークとは？

プラスのセルフトークは、理想の自分への第一歩ですが、マイナスのセルフトークは逆効果。あなたはこんなことばを使っていませんか？

- **「だれからも理解されない」**
- **「年齢には勝てない」**
- **「また失敗する」**
- **「人の目が気になる」**

心理学用語 **【ピグマリオン効果】** 教師や親などから、「できる」と言われ続けると、子どもの能力が向上する、といったような効果のこと。

実践編
自分を変える
⑩

# 建設的な人を目指すのに大切な共通感覚

あらゆる状況で共通感覚を持って行動できるようになろう！

## 相手に関心を持ち一体の感情を得る

アドラーがよく使ったことばに**コモンセンス**があります。ふつう、常識と訳されますが、アドラー心理学では**共通感覚**と訳します。**建設的な人**を目指し、相手との共同目標に向かっていくための、大切な感覚です。「他者の目で見、他者の耳で聞き、他者の心で感じること」を言います。

たとえば仕事の取引先の場合、その取引先の人が置かれている立場になって、状況や環境を考えるということになります。相手の関心、考え方を知り、**一体の感情**を持つことが大切だというのです。

## 同情とは違う共通感覚

注意しなくてはならないのは、一体の感情を持つこと＝共通感覚と、同情することは違うということです。

一体の感情の根底には、相手への尊敬の気持ちがあり、対等の関係です。しかし同情は、相手を憐《あわ》れむ感情で、無意識であっても、相手を下に見る関係になってしまいます。

共通感覚には、上下関係も、支配関係もありません。自分に対しての間違った**思い込み**（▼P.102）や、悲観的な**セルフトーク**（▼P.106）も、共通感覚には不要です。自分も相手も客観的に見て、共通感覚を養いましょう。

心理学用語 **【心の理論】**「こういう状態のとき、他者はこう思う」「こう言えば、こう思う」といった他者の心の状態や欲求などを、理解・推理する能力のこと。

## 相手の立場になって考える共通感覚

アドラー心理学では、他者に関心を持ち、「あの人だったら、どう行動するか」と考えます。そうして他者を援助することが、共同体感覚（▶ P.60）につながります。

また部長に
怒られた…
ガミガミ
ガミガミ
部長の気持ちに
なって怒られた
理由を考えてみる
ぼくの成長を期待
しているからかな？

### 共通感覚と同情の違い

共通感覚と混同されがちなのが同情。前者が相手への信頼から発生するのに対し、後者は憐れみから発生。そうすると、上下関係が生まれてしまうのです。

**共通感覚**

わかる！
わかる

- 尊敬、信頼がある
- 自分でコントロール可能
- 相手に感心を持つ

**同情**

かわいそうだね…

- 支配性がある
- 自分ではコントロール不可能
- 自分の関心で動く

心理学用語 **【ストレス・マネジメント】** ストレスの発生やその軽減を目指すための行動。ストレスを生み出さないように努力するストレス反応説など、さまざまなものがあります。

実践編
自分を変える
⑪

# 笑いと楽観で自分を勇気づける

## 大切な笑いの効果

気むずかしい顔や、悲しい顔をしている人より、笑顔の人のほうが、話しかけやすいし、親しみやすさを感じます。アドラーも「悲しみは、自分と他者を離反させ、喜びは結びつける」と言い、笑いを重視しています。笑いにつながる感情は人と人をつなぐものです。

実は、笑顔は自分自身にとっても大切です。なぜなら、日頃のちょっとしたできごとのなかに、楽しさや幸せを見つけてこそ、笑顔になれるからです。裏を返せば、笑顔でいられることは、ポジティブ思考で生活できていることになります。前向きな考え方は、すなわち自分への**勇気づけ**（▶P.90）です。仮につらいことがあった日でも、自分はよくがんばったと、笑顔で床につくようにしたいものです。

周りの人を笑顔にするために、ジョークを考えるのもよいでしょう。相手はどんなことで笑ってくれるだろうと想像し、実行してみるのです。実際に笑ってくれれば、その人は少なくともその瞬間、明るい気持ちになったはずです。これはりっぱな勇気づけです。

## 悪いこともあれば、よいこともある

「きっとよいことがあるさ」と、根拠もなく思って、笑顔でいましょうということではありません。これは**楽天主義**の人の考え方です。いざ悪

笑いは
他者も自分も
幸せにするよ！

心理学用語 **【顔面フィードバック仮説】** 悲しいときや、つらいときなどに、あえて笑顔になって表情を明るくすることで、気分も同様に明るくなってくる効果のこと。

いことが起こったとき、笑えなくなってしまいます。

日常生活では、よいことも悪いことも起きます。悪いことが起きたとしても、「最善の策を考えれば大丈夫」と、思っていましょう。これが**楽観主義**の人の考え方。楽観主義ならば、笑う余裕もあるし、冷静な判断力も備えていられます。アドラー自身も楽観主義の人でした。

自分への勇気づけのためには、楽観主義の考え方も大切なのです。

## 楽天主義と楽観主義の違い

アドラーの提唱する楽観主義は楽天主義と似ていますが、その内容は大きく異なります。楽天主義にならないように気をつけましょう。

### 楽天主義

入れすぎかなー？ ま、大丈夫でしょー
わっ！しょっぱい！ 失敗しちゃった
塩


何があっても何とかなるから大丈夫だと思い、何もしない。どんな状況に陥っても、そのできごとを傍観するだけで、無抵抗。

### 楽観主義

この分量で大丈夫なはず！ とにかくやってみよう！
しょっぱい！ よし、水を足してみよう！
塩


何があっても現実をきちんと見据えて、そこから何ができるのかを考える。たとえ失敗しても、決してあきらめない。

↓

**勇気づけにつながる**

心理学用語 **【離人性神経症（離人性障害）】** 自分の身体が自分自身のものではないように思い、自分のことを外側から見ているような感覚に襲われる精神障害の一つ。

実践編
自分を変える⑫

# 思考回路を変えて目的に向かう

「わかっちゃいるけど、やめられない」はウソだ！

## 意識と無意識は矛盾しない

「仕事を断ろうとしていたのに、つい引き受けてしまった」「ダイエット中なのに、仕事のストレスで、ついやけ食いしてしまった」など、理性ではわかっているのに、その通りに行動できなかったとき、わたしたちは無意識のせいにします。

しかしアドラー心理学では、意識も無意識も矛盾のない一個人と見ます。つまり、仕事を断ろうとしていたのも自分だし、引き受けてしまったのも自分です。やけ食いしてしまったのも、自分が食べたいと思ってやったこと。毅然《きぜん》とした態度で断れなかったり、つい食べてしまった自分を、「本当の自分はそうじゃないのに…」と思うのは妄想です。

このように、意識・無意識、理性・感情の矛盾をアドラーは否定し、意識・無意識、理性・感情は分割されず、お互いに補い合うものだととらえました。

それでも、つい感情に任せて怒鳴りつけてしまったときなどは、本当に怒鳴りたいと思ってとった行動なのでしょうか。

## 理性の回路と非理性の回路

意識と無意識は対立しませんが、人の頭の中には、**理性**と**非理性**の思考回路があり、この二つが対立します。

心理学用語 **【内的統制型】** 原因帰属（▶ P.93）の理論で、行動の原因を内に求めるタイプのこと。成功や失敗を、自分自身の能力や努力のせいにします。

**わたしたちが目的に向かって行動を起こすとき、このどちらかの回路を使います。**

理性の回路は、ものごとの本質を理解し、考えてから行動する回路。非理性の回路は、感情のままに行動する回路です。

たとえば部下に何かを伝えたいけど、うまく伝わらなかったとき。

「もう、おまえは帰れ。俺がやる！」

こんなふうに、行動を非理性の回路に任せると、他者を攻撃して対立し、関係が悪化してしまいます。場の雰囲気も悪くなり、まとまる話もまとまりません。目的の実現はさらに遠のいてしまうでしょう。

目標に向かって行動するときは、理性の思考回路を使うように心がけましょう。理性でも非理性でも、目指す目的が同じなら理性の回路を使ったほうが得策です。決して感情的にならずに、落ち着いて何をいいたいかを伝えれば、相手にも理解してもらえるでしょう。

## 理性と非理性の違い

同じ目的に向かって行動するとき、理性の回路と非理性の回路のどちらを選択して使うかで行動は変わります。

**理性の回路**

「理性で動く」というように、感情をおさえ、目的のために何をしたらよいかを考え行動する。

ぼくは
こうしてほしいんだ


**非理性の回路**

感情に任せて行動する。相手を怒鳴り散らしたり、相手を責めたり、攻撃的になりがち。

なんで
わからないんだ－！


心理学用語 **【外的統制型】** 原因帰属（▶ P.93）の理論で、行動の原因を外に求めるタイプのこと。成功や失敗を、他者や環境のせいにします。

実践編
自分を変える
⑬

# 劣等感をバネに変える

## 劣等感は健全な心の働き

**劣等感**（▼P.52）は、だれもが持っているものです。劣等感を感じるのは、健全な心の証《あかし》と思ってもよいでしょう。

「同期が自分より先に出世した」「ダイエットしようとしてもうまくいかない」など、他者と比較したり、自分の目標と現実のギャップに気づいたりしたときに劣等感は生じます。

これは決して悪いことではありません。劣等感は、目標に向かって努力をし、人生をよりよいものにしようとしている結果、あらわれる感情なのですから。

悩む必要はありません。劣等感を感じる自分を好ましく思うくらいの気持ちを持ちましょう。劣等感をバネに変えて、大きく成長すればよいのです。

劣等感自体は
決して悪い
ものでは
ないんだ！

## 劣等感を上手に使う

では、劣等感にどう対処したらよいでしょう。先の例でいえば、出世した同期をうらやむだけでは成長しません。

「追い抜けるように、新しい企画を考えよう」とか、「負けない得意分野を、ほかにつくろう」とか、自分を高めるための目標を、新たに設けるのです。これが、アドラーのいう**優越性の追求**です。

そして努力を続けたら「ここまでがんばれた」

心理学用語 **【燃え尽き症候群（バーンアウト・シンドローム）】** 今まで懸命に働いてきた人が、ある日突然無気力になり燃え尽きたようになってしまうこと。

## 劣等感のよい活用法と悪い活用法

だれしもが持つ劣等感ですが、その活用法を誤るとマイナスになるので、注意が必要です。

劣等感
美人じゃないわ…
＋
－
だれよりも美しくなってみせるわ！
キラ
キラ
だから モテないのよ…
ずーん

**優越性の追求**

劣等感から、より向上したいと思える。だから目標に向かって努力する。

**劣等コンプレックス**

強い劣等感を持っている状態。努力や成長のために動く勇気をくじかれている。

と、自分を認めましょう。次のページでも述べますが、努力しても挫折や失敗は起こります。結果や周りの称賛ばかりを追い求めると、うまくいかなかったとき、大きな落胆が生まれ、劣等感は必要以上に膨張してしまいます。結果よりも過程を重視するようにしましょう。

劣等感を上手に活用して、自分を勇気づけ、自分を成長させていきたいですね。

アドラーの名言

すべての人は劣等感を持っている。しかし、劣等感は病気ではない。むしろ、健康で正常な努力と成長への刺激である（『個人心理学講義』）

実践編
自分を変える⑭

# 挫折《ざせつ》や失敗から学び今後に生かす

## 失敗は成長のタマゴ

「受験に落ちた」「取引先の人を怒らせてしまった」など、生きていれば、だれでも挫折や失敗をするものです。

**劣等感**（▼P.52）に注目したアドラーは、「人間のすべての文化は、劣等感情に基づいている」と述べています。人間は、非力な己に気づいたことで、道具を工夫し、科学や社会制度を発展させたというのです。理想通りいかず、あるいは他者のようにいかず、失敗した。すると劣等感情を持ちます。しかし劣等感情が向上心に結びつけば、次の行動への工夫が生まれます。その意味で、〝失敗は成長のタマゴ〟なのです。

## チャレンジを評価する

失敗すると、つい劣等感に支配されがちです。しかし冷静に考えれば、失敗したときどんな状況になるかを学んでいることに気づきます。また、当事者の気持ちもわかります。そのため、これからはより多くの人の立場に立って考えることができるようになるでしょう。

そして「次はどうすればいいか」を考えることができ、次の失敗を防ぎ、新たに成功への道を踏み出す、知恵と勇気が得られるのです。

失敗からは、いろいろなことを学べます。大きく成長できるチャンスと考え、「いい経験ができた」と思うようにしましょう。

失敗は
悪いことじゃ
ないんだ！

心理学用語 **【引き下げの心理】** 自分より優秀な他者に対して劣等感を感じ、その劣等感をなくして対等な立場になるため、他者の評価を下げようとする心理。

## 失敗してもへこまない

失敗した後、その失敗を思い出してくよくよ悩んでいるのは、無意味なこと。前向きに、次のことを考えましょう。

### 人間関係の挫折や失敗でも大きく成長

けんか、失恋、仕事のトラブル…。人間関係の挫折や失敗のダメージは大きく、劣等感を生むこともあるでしょう。でも、その苦しみで人間的に大きく成長できるのは確実。傷つく痛みを知ることは、良好な対人関係を築く糧《かて》になります。そのためにも、恐れずチャレンジすることが大切です。「がんばって難しい人間関係に挑戦した自分は偉かった」と思い、次の人間関係に向け自分を勇気づけるようにしましょう。

心理学用語 【防衛機制】 フラストレーション(▶P.98)などによる心理的な不安を解消しようと、無意識に自己防衛すること。フロイトが打ち出した概念。

# 思考と行動による感情コントロール

## 感情には目的がある

「つい感情的になって怒鳴りつけてしまった」「理屈でなく感情論で迫られてしまった」などのことばを耳にします。感情が人間関係のトラブルを招くことは多いのです。

アドラーの**認知論**（▼P.46）によると、ある状況に対して抱く感情は、人それぞれで、その人の目的にそっているとされます。怒り、劣等感、期待、落胆…、こうしたいろいろな感情の多くは、その人の目的と現実とのずれから生まれます。そしてその感情は、他者に向けられます。つい感情的になってしまったといっても、その感情にはちゃんと説明がつくものなのです。

## 理性の回路や行動でコントロール

感情には目的があるため、感情をコントロールすることは可能です。しかし、**非理性**の回路を通った感情は制御することが困難です。たとえば、「おまえは今まで何をやっていたんだ！」といったことばは、相手を責めるだけで明らかにお互いの目的からはずれています。

こうならないように、自分自身でも常に**理性**の回路を使うように心がけておきましょう。

たとえば相手に怒りを感じたときに、感情に任せて怒る前に自分のもともとの目的を思い出してみるのです（▼P.96）。その一工程を加えることで、怒りの感情は理性の回路を通ります。

感情の目的を
つかめば
コントロールする
ことが可能だよ！

心理学用語 【感情】 喜怒哀楽といったように、人間だけが持つ高度な精神活動の一つ。情動（▶P.99）よりも落ち着いたもので、身体変化を伴わない。

そうなれば、コントロールが可能になるのです。

また、行動によって、感情をコントロールすることも可能です。たとえば、おなかが減るとイライラ状態になる人は、口に簡単に入れられる食べものを常備しておけば、機嫌が悪くなることを未然に防ぐことができます。

自分の感情が大きく動いたとき、その原因や目的を考えてみましょう。原因や目的がわかれば、感情に対処できます。建設的に対策を考えて実行すれば、成長につながるでしょう。

## うらみの感情はコントロールできない

ただし例外もあります。うらみは、強者に対しての怒りが度を越え、復讐したいと思う感情。すでに自分では制御不能なので、理性回路を使って解決するのは困難です。うらみの感情の解決は、利害関係のない第三者に入ってもらうこと。理解ある年長者や、問題の重さによっては弁護士やカウンセラーにお願いしましょう。

### 感情が生まれるメカニズム

感情が生じるのには、必ず目的があります。下の図のように、男性が待ち合わせ時間に遅れたという現実とのずれが、彼女の怒りの感情を生んでいます。

【マインドコントロール】 本人も周囲も気づかないうちに個人の精神に影響を与え、個人の思想や人格を変えてしまうこと。

心理学用語

実践編
他者への感情
❶

# 嫉《しっ》妬《と》を感じる相手と信頼関係を築く

## 嫉妬につきものの疑惑

たとえばあなたの恋人と、あなたの友人が仲よさそうに見えたとします。

「友人が恋人を奪うのでは？」と疑惑を持ち、「友人を遠ざけたい」「恋人をつなぎとめたい」と思います。このとき生まれる感情を**嫉妬**と呼びます。つまり嫉妬とは、自分の権利を奪おうとする他者を遠ざけたいと思ったときに生まれる感情です。できれば持ちたくありませんね。嫉妬を感じる相手と良好な人間関係を築くのは困難です。

嫉妬に似た感情に**羨望**《せんぼう》があります。これは「相手と同じようになりたい」という、自分と相手との関係から生まれる感情です。三者間ではないので、嫉妬とは違います。そして嫉妬は、疑惑を伴っていることに特徴があります。

## 乗り越えるには信頼関係を再確認

疑惑に基づいた嫉妬は、疑惑を晴らすことが解決の道です。

まず、なぜ疑惑を持つのか考えてみましょう。自分の立場が相手の中で揺らいでいると感じていませんか？　相手を本当に信頼していますか？　不安であるなら、実際に聞いて確かめてみましょう。また、自分の気持ちを素直に相手に伝え、疑わしいことは尋ねましょう。

疑惑を取り除くことによって、相手との信頼

嫉妬して
相手を責める
のは禁物！

心理学用語　**【対人恐怖症】**　人前に出ると、過剰に緊張や不安を感じてしまう症状。赤面恐怖症や視線恐怖症など、いくつかの症状のタイプがあります。

関係を確認することができます。強固な信頼関係が築ければ、嫉妬心はなくなります。疑惑が真実であったら、そのときはそのとき。自分を**勇気づけ**、新たな目的に向けて進みましょう。少なくとも、心のもやもやは晴れるのですから。

## 嫉妬と羨望の違い

どちらもよく似た嫉妬と羨望ですが、嫉妬のほうがマイナスに働く可能性の高い感情です。

### 嫉妬

仲のよい関係
恋人
嫉妬
二人はどういう関係なんだろう…

三者関係で成り立つ嫉妬。パートナーを奪われたくないという気持ちで、うらみ（▶ P.119）に発展しかねない感情です。

### 羨望

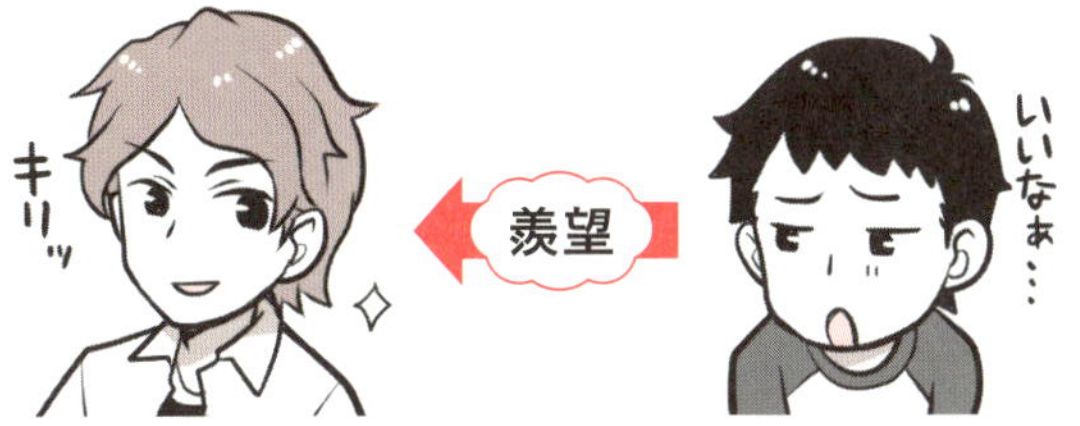
キリッ
羨望
いいなぁ…

二者関係で成り立つ羨望。単純に相手をうらやむ気持ちで、尊敬こそすれ、うらみ（▶ P.119）に発展することはありません。

アドラーの名言

**羨望は無益なものではない。それゆえ、われわれが皆持っているわずかな羨望は、大目に見るべきである**（『個人心理学講義』）

実践編
他者への感情
②

# 神経質な自分から抜け出す

## 自分をしっかり肯定する

「今日の部長は機嫌が悪いみたい」

「Eさんが今日ぼくに冷たいのは、ぼくが通路に置いた荷物が邪魔だったからだろうか」

職場やサークルなどでは、メンバーの気分や感情が気になるものです。しかしそれが高じると、周りのことばや態度に過敏になり、自分の思考や行動への影響が大きくなります。周囲の雰囲気がいつもと違うのを、自分のせいだと憶測し、それが重なるうちに人間関係の悩みへと発展することがあるのです。

しかし、その**憶測は、たいてい思いすごし**です。他人はそれほどあなたに関心はありません。自分のことで精一杯です。疲れていたり、歯が痛かったりしただけで、人は難しい表情になり、無口になるものです。

あまり神経質にならないようにしましょう。周りに左右されず、間違っても、誤解からくる自己嫌悪には陥らないようにしたいものです。

## 周りの人は自分の仲間

自分の周りの人たちは、何かの目的を持って集まっている人たちです。それぞれの場で、目的を成しとげるための仲間であって、敵ではありません。

周りの人たちの細かいところを気にせず、目的に向かって、建設的に前進していけばいいの

周りの気持ちを憶測するより自分の目的を意識しよう！

心理学用語 【自己愛性パーソナリティ障害】ありのままの自分に自信が持てず、特別視されたい、ほめられたいという欲求を持ち、他者からの過剰な称賛を求めます。

です。「嫌われてないから大丈夫」「自分はみんなの仲間だ」などの**セルフトーク**（▼P.106）を実行してみましょう。自分を肯定して**勇気づけ**することです。

周りとの接し方は、4限でも取り上げていますのでご参照ください。

## 神経症的ライフスタイルの特徴

周りの反応を気にするあまり、神経症に陥ってしまう人には、以下のような特徴があります。

### 自分には能力がないと思う

子どもの頃病弱だったから体力がない…
だから警察官にはなれない…

子どもの頃できなかったという経験から、今から体力づくりなどの努力をしても、できないと思い込んでいる。その思い込みから勇気をくじかれ、努力をしていない。

### 周りの人を敵だと思う

けんかしてからみんながわたしに冷たくなった…

実際に怒っているのはAさんだけなのに、ほかの人も怒っているかもしれないと思い込む。だれか一人に対する罪悪感を、全員から嫌われているものだと決めつけてしまう。

心理学用語 **【神経症】** 精神的ショックなどの原因による、心身の機能障害のこと。抑うつやヒステリーや不安などさまざまな種類がある。

実践編
他者への感情
③

# 比較や競争から抜け出る

## 比較が勇気くじきに

「お兄ちゃんはできたのに、あなたはできないのね」「おまえの同期はもっと優秀だぞ」

人と比較されて、嫌な思いをしたことはありませんか？　勇気がくじかれますね。もしかすると、それを言った相手は、悔しがらせて発奮させようとしたのかもしれませんが、その効果は滅多にないと思ってよいでしょう。

そんな比較による勇気くじきを、自分に向けてもやっていませんか？

「以前はもっと覚えられたのに」「あいつに比べて自分は要領が悪い」「自分がこんなにも、この仕事に向いていないとは思わなかった」

気づかない
うちに比較
してないかな？

これらは、自分で自分の勇気をくじいていることばです。過去との比較、他者との比較、理想との比較を行って、自分自身でやる気をなくしています。

## 競争よりも協力・貢献

比較は競争を生みます。競争は必要なことですが、比較にこだわって、周りや自分の勇気をくじくような競争は、健全ではありません。人間関係も悪くなります。

仲間どうし、目的に向かって進むのであれば、競争よりも**協力**や**貢献**のほうが求められます。みんながどうしたらやる気になるのかを考え、協力しましょう。困っている人がいたら助け、

心理学用語　**【承認欲求】**　他者から認められたい、ほめられたいと思う欲求。この欲求が強い人は、他者からの評価を強く求める一方で、自己評価は低い傾向にあります。

できる範囲で貢献するのです。
属する集団の中で、自分に何ができるのかを考えて実践することで、周囲に受け入れられ、信頼されるようになります。
そしてそのことによって、自分が価値のある人間だと実感することができるでしょう。

## 比較より協力・貢献しよう

比較にこだわる人は、自分で勇気をくじき、努力せずに文句を言うだけ。協力度や貢献度を考えるようにしましょう。

**比較にこだわらない**

あいつに営業成績を抜かされちゃった
よしっ
でもぼくは企画の方でがんばろう!

**協力度・貢献度を考える**

**比較にこだわると**

あいつのほうが給料が高い…
キーーッ
ぼくもがんばっているのに!

**勇気くじきに**

心理学用語 **【向社会的行動】** 無償で他者を助けたり貢献したりする行動を、積極的にとること。ボランティア活動などが、これにあたります。

実践編
他者への感情④

# 自分が世界の中心ではない

## 「わかってほしい」から「わかりたい」へ

よく知らない相手と二人になったとき、「どんな話をしたらいいのか」と、考えますね。相手が、大切にしたいと思っている人であれば、自分のことを正しく知ってほしいと思い、なおさら悩んでしまうでしょう。

そんなときは、まずは相手の話をよく聞きましょう。そして相手は何が好きで何が嫌いか、どんなことに興味があるのかを理解します。

相手のことがわかれば、どんな話をすればいいか、思いつきやすくなるはずです。自分から話をするのはそれからです。よい人間関係をつくるには、「自分のことをわかってほしい」と思う前に、相手に関心を持ち、「相手のことをわかろう」と思うことが大切です。

自分が世界の中心ではありません。

## 共通感覚を持って聞く

会話をするときは、相手の立場に立ち、**共通感覚**（▼P.108）を持つようにします。相手の話を、状況をふまえて理解し、自分の情報も相手に伝えます。一方的に質問して相手の話だけを聞くのでは、詮索《せんさく》になってしまいます。もちろん自分だけ一方的に話すのもよくありません。

聞く、話すのバランスを大切に考えて、人間関係を築いていきましょう。

状況によって
聞くと
話すを
使い分けよう！

心理学用語
**【自己中心性】** 世界の中心を自分と考え、他人の感情や視点に気づけない状態。スイスの心理学者ピアジェが、幼児の精神構造の特徴としました。

## 対人関係をよくする会話のよい例・悪い例

何を話したらいいのかわからない相手がいた場合、間を持たせようとして、自分のことばかり話していてはいけません。

### 相手の関心を引き出す

相手が何に関心があるのかを考えて話しかけましょう。もしまったくわからない相手だったら「趣味は？」といったように、単純な質問でもかまいません。相手に共感を持てれば、会話も弾むはずです。

### 自分中心に話す

相手の関心や反応を無視して、一方的に話すのはNG。相手は共感できていないので、話も弾みません。その結果「この人とは、話が合わないな…」と思い、苦手意識が生まれてしまうことも。

心理学用語 【自己開示】 自分の性格や趣味、身体的特徴などを包み隠さずに打ち明けること。相手に自己開示すると、好感を持たれ心理的距離が縮まるといわれます。

実践編
他者への感情
5

# 不幸自慢に気づく

## 自分は不幸を必要としていないか?

「小学校でいじめられたから、性格がゆがんじゃったよ」「家が貧乏だったから行きたい大学へも行けず、浪人もできなかった」など、自分の不幸を話のネタにしている人は、周りにいないでしょうか。

これを**不幸自慢**と言います。よく飲み屋で聞かれる愚痴などには、不幸自慢が少なくありません。

「俺ほど上司に恵まれないやつも珍しいよ」

「プロジェクトチームができると、必ず相性の悪いやつがいる」

これらは、思い通りにいかない人間関係や仕事を、不幸な境遇のせいにした発言です。自分を正当化するために、不幸を必要としているわけです。

## 過去の自分から一歩ふみ出す

人間関係や、それに基づく仕事がうまくいっていないとき、不運や不幸のせいにしても、状況は好転しません。まずは自分を変えることです。**建設的な人を目指し、自分も周りも勇気づけることを考えましょう。**

同様に、過去の不幸をふり返ってもしかたありません。過去を引きずっている人は、「このままの自分」でいたほうが楽だと考え、自分で変わらないという決断をしているのです。

不幸であることを言い訳にするより前に進むことを考えよう!

心理学用語 **【見かけの因果律】** アドラーの考えの一つ。「見た目が美しくないから、恋人ができない」のように、本来何も関係がないところに、問題があるようにとらえてしまうこと。

でもそれでは、本当に不幸のままです。「自分で恵まれた環境をつくる」「恵まれていなくてできなかったことを、今から始める」という意志を持ち、未来へ向かって歩き出しましょう。ライフスタイル（▼P.82）は変えられるのですから。

## 不幸自慢は欠点隠し

不幸自慢は劣等感のカモフラージュ。その状況を変えようとすることが大切です。

### 不幸自慢をする

上司がわからず屋で今月も営業成績が低かったよ
やれやれ

成績不振に劣等感があり、それを隠したいがために欠点のある上司のせいにしている。実は、不幸自慢をする人は劣等コンプレックスを感じていることが多い。

### 不幸な状況を変えようとする

営業成績が上がらないどうしたらいいんだ…？
うーん…

まずは営業不振という事実を認め、そこからどう努力したらよいかを考える。もし今が不幸な状況ならば、何かに罪をなすりつけるより、その状態を打破しようとしたほうが合理的。

心理学用語 【セルフ・ハンディキャッピング】 ある目標が達成できないときに、その言い訳として、あえてハードルの高い障害を自分で設けて失敗に備える、自己防衛方法。

実践編
他者への感情
⑥

# 自分と他者とは違うと知る

## 他人には他人の事情がある

職場の同僚の三人で会議がありました。AさんはBさんと仲がよいと思っていたのに、なぜかこの日、BさんはCさんのほうばかり見て話し、Aさんの発言に対する反応もそっけない感じです。いったい何があったというのだろう。Aさんは自分に何かBさんの気分を害することがあったのだろうか、と気になります。

Aさんはその日、一日中気になっていたので、翌日思い切ってBさんに話してみました。すると、BさんはCさんと前日議論をし、折り合いをつけたばかりであることがわかりました。それが前提にあったため、会議でのBさんの注意が、Cさんに向きがちだったのです。

BさんにはBさんの事情があり、Aさんの言動とは無関係であることがわかりました。

## 自分と他者は別々の課題を持っている

このように、職場などで共同作業を営んでいると、周囲の人たちの感情や気分が気になります。自分のせいで気分を悪くさせたかな、昨日のメールは誤解を与えたかな、など。恋人や友人との関係でも同様でしょう。

このようなときには**課題分け**という方法があります。課題分けとは、自分の事情と相手の事情は違うと、分けて考えることです。課題には**共同の課題**と**個人の課題**があります。共同の課

手に負えない
課題があったら
だれの課題なのか
を考えてみよう！

心理学用語 【ハロー効果】外見や学歴、地位などによって、相手に持つ印象が変わってしまうこと。アメリカの心理学者ソーンダイクが提唱しました。

題とは、他者と自分が協力して解決することのできる課題。個人の課題とは、自分が自ら解決しなくてはならない課題で、他者の協力を必要としません。

課題にぶち当たったときには、まずその課題がだれの課題なのかを考えてみましょう。それを見極め、自分が取り組むべき課題を明確にします。

## 他者の課題には踏み込まない

課題分けを行ったら、他者の個人の問題には踏み込まないこと。前の三人の例の場合、Aさんは Bさんのそっけない反応に悩んでいましたが、これはBさん個人の課題にAさんが踏み込もうとしています。三人の共同の課題は会議での議論内容なので、そこに集中すべきです。

しょせん自分と相手とは、別々の人間。相手の感情や行動は、自分ではどうしようもできないのです。

### 課題分けをしよう

共同の課題
Aさんが
解決すべき
課題
Aさんと
Bさん、
二人で協力して
解決できる課題
Bさんが
解決すべき
課題
個人の
課題
個人の
課題

課題分けを行い、共同の課題のみを二人で考えるようにする。相手から助けを求めてこない限り、相手の個人の問題は気にする必要はない。

心理学用語 【傾聴（アクティブ・リスニング）】 アメリカの心理学者ロジャースが提唱した、心理カウンセリング方法の一つ。相手の話を積極性を持った態度や姿勢で聞く技法。

実践編
他者への感情
⑦

# 共同の課題を設けて人間関係を築く

## 共同で取り組める課題を見つける

前ページの**課題分け**の説明で、**共同の課題**に触れました。相手の課題と自分の課題とをしっかり切り分けて考えたうえで、共同の課題を設けることは、人間関係の構築において大切なことです。

前ページの例を続けます。Aさんは、Bさんに、Cさんと話した内容をざっと説明してもらいました。そこからわかったCさんの考え方を、議題に取り入れていく方法を提案しました。これがAさんとBさんの共同の課題です。

さらにその方向をCさんも入れて話し、共通理解を持ちました。そしてAさんは、三人で改めて議題に取り組んでいこうと提案しました。これが三人の共同の課題となりました。

## 建設的な関係を築く方法

共同の課題を設けるとき、留意したいのは、**お互いが心地よいと思える課題にすること**です。納得のいく課題であれば、その課題に加わったメンバーは、自分にできること、貢献できることを探し、積極的に取り組むことができるからです。

各人に建設的な発想ができれば、自然に自分や他者を勇気づけることもできます。

自分の思考スイッチを切り替えて、建設的な人間関係を築きましょう。

一人で抱え込むのはやめて共同の課題にしよう！

心理学用語 **【説得的コミュニケーション】** 説得とは他者の意見や行動を意図的に変えさせること。その説得までに行った働きかけのことを説得的コミュニケーションいいます。

## 共同の課題を建設的に解決

営業と企画の仕事を抱えた男性。部下に企画を任せることで企画の仕事は二人の共同の課題に。さらに円滑に課題をこなすため、勇気づけを行って部下を鼓舞している。

心理学用語 【ブーメラン効果】 相手を説得をするときに、説得しようとすればするほど、相手が反発し拒絶されてしまう現象。より親密な相手ほど、起こりやすいといわれています。

**やまき先生がスッキリ解決！**

# アドラー式心理カウンセリング

**自己解決編**

**相談1**

## 今の仕事をやめたい

Aさん
（22歳・男性）

入社して三か月経ったのですが、今の仕事を続ける自信がなくなってきました。もともと自信がなかった営業職に配属されてしまい、想像以上に仕事ができません。最初は先輩を真似てがんばってみたのですが、いつまでたっても失敗ばかりです。会社をやめたほうがいいのかと悩んでいます。

**先生** 三か月で先輩と同じようにやるのは難しいですよね。もう今の会社をやめるという結論を出したんですか？　まだ迷ってるんですか？

**Aさん** まだ迷っています。

**先生** 迷っているということは、まだ続けたほうがいいと思う気持ちもあるんですね。
どうして続けたいと思うのですか?

Aさん

やはり経済面だと思います。収入がないと生活できませんし。お金のために仕事をするのなら違う道でもいいかな、と思ってしまうんです。

先生

なるほど…。それでは、自分には今の仕事は向いてないと思っているのでしょうか?

Aさん

特にだれかに相談したわけではないので、そう言われると、自分の思い込みのようにも思えてきますが…。

先生

あなたは今とても思い悩んでいるようですね。そういうときは、つい、原因探しをしてしまうものなんです。あなたの場合は、「営業に向いてない」「自分には能力がない」と、自分を悪者にしています。つまり、うまくいかない原因は、自分にあると考えがちなんですね。調子が悪いときは、自分か、もしくはだれかを悪者にするという傾向が人間にはあるんですが、そういう傾向をアドラー心理学では**かわいそうなわたし**と**悪いあなた**といいます。

でも、悪者を探してだれかを責めても仕方ない。そういうときにおすすめなのが、**今自分ができること**という目的思考（▼P.90）の考え方です。今置かれている状況で何をやることが、よりベターかを考えるんです。そりゃあベストがあればもちろんいいんですけど。

今自分ができることを考えたときに、「会社をやめることなのか? 続けることなのか?」をもう一度、自分に問いかけてみてはいかがでしょう。

でも、わたしの感覚だと、三か月でやめるかどうかを決断するのはちょっと早いかな。

わたしは学生時代卓球部でしたが、三か月

の頃なんてまだ素振りしかできませんでしたよ。どれくらいで営業に向いているか向いていないかを判断するのかは、あなた自身が決めていいと思うけれど、運動を例に考えてみても三か月じゃ早い気がしますね。

Aさん　でもそうしたら、やめるかどうかの最終的な判断は、いつ頃すればいいんですか？

先生　そうですね〜。たとえば一年後とか。そのときでもまだ同じ考えだったら、そのときはやめればいい。自分の人生を決めるのは、自分ですからね。
それに、**悪者探し**をしているときは、だいたい的確な判断をしていないものです。
だから今は、決断を一度、保留にしてみてはどうでしょうか。そのうえで、今自分ができることは何だろうかと考えると、ちょっと今までとは違う考えが生まれてくるかもしれませんよ。

Aさん　そうですか？

先生　まずは自分を責めることはないと思います。それにあなたが上司を責めないところは、とてもえらいと思いますよ。自分ができないことを人のせいにする人もいますから。

Aさん　そうでしょうか…。
そういえば一度先輩に相談したとき、ここでやめるようなやつは、どこにいってもダメと言われたことがあるんですが、やっぱりそうなんでしょうか？

先生　それはそうとも限りません。環境が変わると、人は変わるといいますからね。新しい環境に適応して、あなた自身が変わる可能性はあると思います。
ただ、先輩の言っていることも間違いでは

ありません。自分や周りの人を悪者にして、何かをやめてしまうというクセがついてしまうと、また同じように悩んだときに、またやめるという選択になりがちです。その心理的なクセを断ち切ることが大切ですね。

Aさん

では自分のクセを断ち切らないといけないんですね…。

先生

そうです！ 難しいことではありません。「今できることは何か」を考えるだけですから、簡単なことです。それにあなたは今、自分のクセをしっかりと意識されたのですから大丈夫。意識することができれば、同じことは繰り返さないはずですよ。だれだってクセはありますからね。

ですから、自分を責めることをやめて、あなたが今できることを考えてみましょう。たとえば、先輩にどうしたらいいかを相談したり、意見を聞いたりしてみてはどうでしょう。

もしかしたらあなたが考えているほど、たいした失敗の数ではないかもしれませんよ。まだたった三か月なのですから。

一年くらい経っても、まだやめたいと思っていたら、そうすればいいのです。自分の人生なのですから、自分が望むように生きてください。

先輩のようにできなかったことを、自分の能力のせいだと責める必要はありません。**原因論**はやめて、**目的思考**に切り替えましょう。
覚えることが多い新人時代はたいへんかもしれませんが、その時期を終えた後には、自信がついているはずです。

相談2

# 人前でうまく話せない

Bさん
（35歳・男性）

**もともと人前で話すことは苦手なのですが、最近仕事で、人前で説明しなければならない機会が増えて困っています。緊張すると、声がうわずったり、口ごもったりしてしまいます。どうしたらうまく話せるようになるのでしょうか？**

先生　上手に話したいということですが、何か自分で努力していることはありますか？

Bさん　本を読んでことばを覚えようとしています。うまく話せないのは、的確なことばを知らないからなのかと考えて、本をたくさん読むようにしています。

先生　そうですか。それはいいことですね。そうやってみて、少しはうまく話せるようになりましたか？

Bさん　ダメです。話そうとすると、ことばが頭の奥深くの引き出しにしまわれていて、出てこない感じです。

先生　昔からそうだったのですか？

Bさん　はい、苦手でした。授業中もなるべく発言しないようにしていましたし、実際、学級会で意見を述べたとき、何を言っているかわからないと言われたこともありました。自分は頭が悪いのではないかと思います。

**先生** そうですか。今はわたしの前でとってもスムーズに話してますけど。では、会議のときではなく、たとえば友人と一対一であれば話せますか？

**Bさん** それでしたら大丈夫だと思います。一対一であれば、言い直しや修正がききますから。

**先生** なるほど。では、会議のときも一対一のときのように話せればよいと思っているということですね。どうもあなたには、悪魔がささやいているようですよ。

**Bさん** 悪魔ですか？

**先生** はい、あなたが話している最中、心のなかに、「間違えちゃいけない」「言い直してはいけない」とか、あげくは「お前は頭が悪いんだ」とか、あなたにプレッシャーをかけるようなことをささやいてくる何者かがいるのです。アドラー心理学ではこれを**悪魔のささやき**と呼んでいます。会議などで大勢を相手にしたときも、悪魔のささやきなんか無視して、一対一のときのように、訂正したり言い直したりすればいいんですよ。

**Bさん** そう言われれば、頭の中でささやかれている気がしてきます…。悪魔を退治する方法はあるのでしょうか？

**先生** はい。悪魔に対抗するのは何だと思いますか？

**Bさん** 天使とか？

**先生** そうです。悪魔がささやく前に、自分で**天使のささやき**を考えて言ってみればいいのです。あなたを勇気づけることばです。会議の前、会議の最中、会議の後だって言っていいんですよ。

Bさん たとえば、会議の最中に、「大丈夫」とか「今のよかった」とか自分に向かって言う、といったことでしょうか。

先生 まさにそうです。フェイスブックの「いいね！」です。アドラー心理学で最も重要な考え方である**自分への勇気づけ**（▼P.38）です。

天使のささやきは、声に出すといいんですよ。たとえば会議の前に、トイレに入って声に出すのです。「今日はきっと大丈夫！」「イケるイケる！」とか。

Bさん そうですか。さっそく試してみたくなりました。天使のささやきを続ければ、悪魔は自然といなくなるのですか。

先生 いや、いなくなることはありません。この世は悪魔だらけですから（笑）。放っておいたら、**勇気くじき**（▼P.58）ばかりが起こるといってもよいでしょう。

ただし自分が悪魔にささやかれていると思ったら、もっと強力な天使を味方につければいいのです。

つまり、自分の心理状況を自分と切り離して客観的に見るのです。このような考え方を**外在化**（▼P.240）といいます。こうすることで問題点ははっきりするし、自分も苦しまないですみます。

自分を責めず、勇気づけるのです。間違えたり言い直したりしてはダメ、などと自分を苦しめる悪魔のささやきは無視して、一対一のときのように楽に自然に話してみましょう。

悪魔に打ち勝つ、**天使のささやき**であなたのところへ現れる悪魔を、追い払ってしまいましょう！

相談3

# やる気が起きない

Cさん
（26歳・女性）

**職場の人たちとうまくなじめなかったため、会社をやめました。しかし就職活動がうまくいかず、今は無職で、引きこもりのような状態です。仕事を探さなくてはいけないことはわかっているので、焦る気持ちはありますが、やる気が起きません。**

先生　今、焦っているのですか？

Cさん　はい…。親の目も気になります。申し訳ない気持ちがあるからかもしれません…。

---

先生　ほかに何か考えていることはありますか？

Cさん　将来への不安ですね…。特に恋人もいないので、結婚とかのイメージもわきませんし…。一人で生きていけるように仕事にはつかなくては、と思っています。

先生　そうですか。もしやる気が出てきたとしたら、どんなことをやりたいですか？

Cさん　やっぱり仕事をバリバリやれるようになりたいです。もともと前に勤めていたところでも、キャリアウーマンになりたいと思っていたのです。ただ、思い通りにいかなかっただけで。

先生　なるほど。あなたはもともとやる気のある人なのですね。それなら大丈夫です。元気は出すものではなく、出てくるものですから。それまで待ってみましょう。

Cさん　元気は出てくるもの、ですか?

先生　はい。あなたが今感じている焦りとは、将来の課題に気づいていながら、その準備不足を自覚し、不安に思う感情です。あなたの場合も、就職してがんばろうという、明確な課題があるのに、やる気が不足していることに気づいている、という状況です。

でも、その焦りは、自分を駆り立てる感情でもあります。今あなたは、エネルギーをためていると考えてもよいかもしれませんね。

このエネルギーは、必ず満ちます。

Cさん　そんなものでしょうか。でもエネルギーが満ちてくる状態は、どうしたらわかるのでしょうか。

先生　自分を客観的に観察することですね。今は、**心調点**《しんちょうてん》をつけるといいと思います。

体調ではなく「心」の調子、心調《しんちょう》です。これを毎日、10点満点で点数化するのです。今日はあまり元気じゃないなぁ、1点。お、今日はちょっと調子がよさそうだな、3点とか。

そうすると、あなたの日々のエネルギーの変化がわかってきます。そんな自分の元気度を客観視しながら、調子が出るまで待てばいいのです。体は正直です。無理に動かそうとしても動きません。

Cさん　はあ。でも親が…。

先生　ご両親は何かあなたに言ってきているのですか？

Cさん　いいえ、何も。

先生　だったら、こちらからご両親に対して「大丈夫だよ」って一言言えばいいんですよ。「今は元気ないけど、そのうち元気になるから」と。
今まで何も言われていなかったのなら、単に心配して見守ってくれているだけかもしれませんからね。

Cさん　そうですね…。ただ、仮に就職したとしても、また人間関係で失敗するんじゃないかという、不安もあるのです。
前の職場では、かなりがんばったつもりなのですが、自分だけがんばってもダメで、周りとうまく交流できないと、仕事が円滑に回らないことを知りました。

---

先生　以前は仕事に意欲的だったのですね。自分だけがんばってもダメだと、どんなところで思いましたか？

Cさん　男の人なのですが、まじめにやってくれない人がいて、その人にイライラしていました。「がんばりましょうよ！」と言ったのですが…、それがきっかけで、人間関係が悪くなってしまったのです。

先生　そうですか。でも、これからは、うまくいくと思いますよ。実はあなたは今、やる気が起きないということで、大事なことを学んでいるんです。

Cさん　学んでいる？　何をですか？　毎日何もしていないのに。

先生　やる気が起きないことで、**がんばれないことがどういうことかを、身をもって学んでいる**のです。
アドラーによれば、職場は共同体の一つで

す。共同体に**私的論理**（▼P.226）はなじみません。その彼を自分よりがんばっていないと見るのは、あなたのフィルターを通した見方であり、あなたが勝手に決めつけているということです。

もしかするとその人も、悩んでいたのかもしれませんよ。その人なりに共同体へ貢献したかったのに、何かの理由でできなかったのかもしれません。

がんばらない人の気持ちを今のうちに学んでいるのだと考えれば、それがあなたの目的なのですから、それでいいんですよ。

次回仕事をしたときには、がんばらない人とも、うまくつき合えるようになるでしょう。

元気はそのうち出てきます。いたずらに焦ってもしかたありません。今の時間にも意味があると信じ、元気が出るまで気長に待ってみませんか。

がんばり屋の人に多いのが、「自分は完全でなくてはならない」という**ライフスタイル**傾向です。
100％完ぺきでなくてもいいんです。いつも全力投球でがんばろうとせず、もっと肩の力を抜いて、楽しく、楽に過ごしましょう。

相談4

# 人生の目標がわからない

Dさん
（30歳・男性）

**それなりの企業に就職し、仕事は安定しています。けれども単調な日々に、生きがいを感じられません。ときどき、何のために生きているのかという気持ちになることもあります。先日、夢を語る友人の話を聞いて、やっぱり自分には目標がないのだと改めて気づかされ、情けなくなりました。**

先生　会社に入ったばかりのときは、目標があったのですか。

Dさん　そうですね。多少は今より燃えていたかもしれませんが、思い出してみると、特に目標はなかったのかもしれません。大学も就職も、一応みんなと同じにやってみるかな、くらいの思いでした。

先生　なるほど。ところで、夢とか目標とかは必要なのですか？

Dさん　え？　必要じゃありませんか？

先生　わたしは必ずしも必要とは思いません。あっても悪くはありませんが。

Dさん　小学生の頃から、「目標を持て」とか、「将来の夢は何か」とか、ずっと言われてきましたけど。

**先生** それは、学校教育の弊害かもしれませんね(笑)。夢も目標もビジョンも、なくたって生きていけるのではありませんか? むしろ目標を持たないのも楽しいですよ。

**Dさん** それでいいのでしょうか…? 生きがいがないとむなしいというか…。

**先生** 確かに目標を生きがいにする人はいます。でも、目標がなくても生きがいは持てます。もしあなたが、生きがいのために目標を持とうとしているのであれば、生きがいそのものを見つければいいのではありませんか?

**Dさん** ですからぼくには生きがいもないのです。

**先生** それなら一つおすすめの方法があります。それはだれかに貢献することです。

**Dさん** 貢献?

**先生** そうです。だれかのために何かすること、**他者貢献**(▼P.182)です。

**Dさん** 自分ではなく、だれかのためになることをするんですね。

**先生** そうです。人間の喜びとは、結局は自分のしたことでだれかが喜んでくれる、というところにあるのです。

**Dさん** 確かに、言われてみればそういうことはあるかもしれません。喜んでもらったり、感謝してもらったりするのは、こっちも嬉しいものですよね。

**先生** 人間は一人で生きているのではなく、みんなと協力し合わないと生きていけない動物です。アドラーのいう**共同体感覚**(▼P.60)というものです。だから自分一人が幸せになろうとしてもうまくいきません。自分だけお金をもうけようとしたら、損する人も出ます。うらみやねたみを買ったり、人間関係が悪くなったりします。出世しようとすることも同様です。

みんなで、だれかのためになることをして、みんなで感謝し合えれば、それは、みんなにとっての生きがいになるし、何より幸せではありませんか？

Dさん

はい、みんなで幸せになれればいちばんだと思います。

先生

アドラーもいっていますよ。死ぬ間際に思いたいことは、「何を得られたかではなく、何を与えられたか」だと。

生きがいのためなら、目標は必要ありません。生きがいを求めるなら他者貢献です。生きがいを持てるだけでなく、幸福感も得られますから。

**他者貢献**といいますが、難しく考えることはありません。だれかに頼まれたら気持ちよく引き受けること。まずはそこから始めてみましょう！
目標などなくても、**共同体感覚**を感じられるようになれば、あなたもきっと幸せになれるはずです。

休み時間　アドラーの人柄がわかるエピソード

# 仕事人アドラー

27歳で開業し、軍医を経て、児童相談所での無料カウンセリング…。
だれにでもわかりやすく、ユーモアのセンスが抜群の話術で、
世界中の人々を引きつけたアドラー。
人生のほとんどの時間を費やした、アドラーの仕事ぶりとは？

## 典型的なワーカホリックだった

講義やカウンセリングで世界を飛び回っていたアドラーは、典型的なワーカホリックでした。仕事づけで睡眠時間が少なくても、疲れているふうに見えなかったといいます。

自宅で過ごすことはほとんどなく、亡くなるまでホテル暮らしが続きました。

## カウンセリング料はお気持ちで

必要以上の富への欲望がなかったアドラーは、カウンセリング料をもらうことを嫌い、お金がない人には無料カウンセリングを行うこともありました。

## アメリカで最も有名な心理学のスター

60代の頃のアドラーは、当時のアメリカで、最も収入のある講演家といわれ、講義やカウンセリング時の移動は、お抱え運転手つきの高級車でした。

診療、インタビュー、食事会にも引っ張りだこのスケジュールに、あきは滅多にありませんでした。

# 4限
# 人間関係の思考スイッチ切り替え法

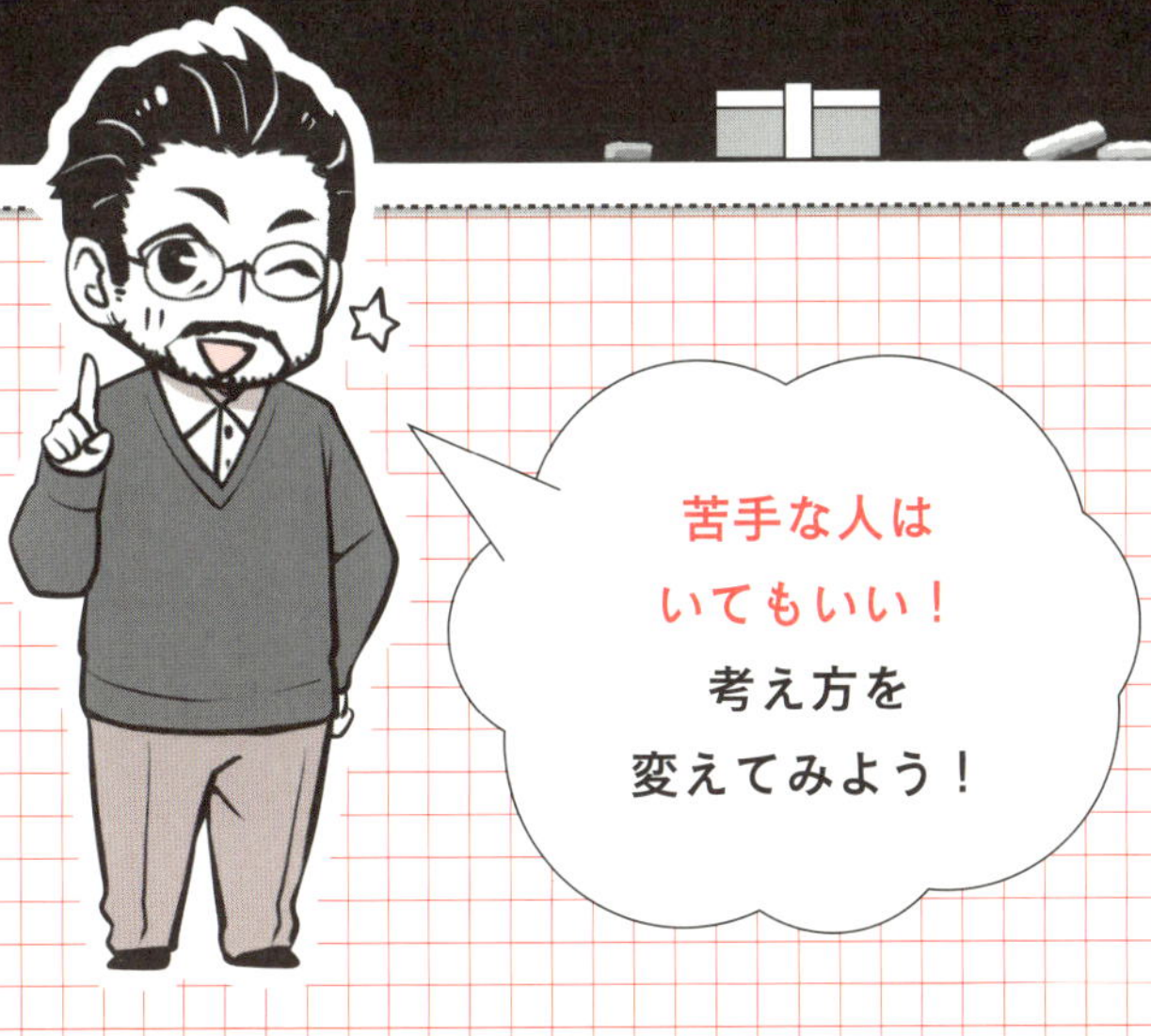
苦手な人は
いてもいい！
考え方を
変えてみよう！

アドラー心理学マンガ

# 自分を生かす

## 周りとのつき合い方

カウンセリング楽しみだなー
困ったな…
はぁ〜〜…
あのう課長…
なんだ？
ゴゴゴゴゴ
あわわわ…
あの…今日のミーティング途中で抜けてもいいですか？
ピクッ
ピシャーン！
仕事をなんだと思ってるんだ！
いい加減にしろ！

後日…
やまき
カウンセリング
ルーム
それは災難でしたね…
ここで怒りは他者の勇気をくじくと覚えておきましょう
うじうじくんは、もっと自分を主張しましょう
イカリーさんは感情をコントロールしましょう
でも、怒ってしまうことはがまんできないと思います
そうでしょうか電話を切った後のあなたはもう、怒ってはいませんでしたよね
あ！
そうなんです！
怒りは自分がつくっている感情
コントロールは可能（▼P.96）なのです

たとえば
こんな方法は
どうでしょうか？
「困るんだけど」と怒る代わりに…
先生との約束もあるから時間通りにお願いできない？
ミーティングが長引いていてどうしてもカウンセリングの時間に間に合わないんだ
主任としての立場もあるし、最後まで出席したいんだよ
ごめん！
そっか。了解！
じゃ、仕事がんばってね！
ホッ
対人関係では自分の主張や感情を冷静に相手に伝えることも大事なんです
なるほどー

← **周りとの上手なつき合い方を、見ていこう！**

苦手意識とつき合う①

# 自分を変えても相手は変わらない

## 相手が変わらなければ接し方を考える

3限では、自分の変え方を紹介しました。自分への勇気づけの方法も、わかってもらえましたか？

しかし、自分の考え方を変えても、相手が変わらない限り、なかなか人間関係は目に見えては改善されないものです。しかも、最も変えにくい存在が相手なのですから（▼P.36）。ということでここからは、**他者との接し方**について考えてみましょう。

相手との接し方というと、ことばの選び方とか、態度とか、技術的なことを思い浮かべるかもしれません。しかし、肝心なのはそういうことではありません。まず、相手を理解しようとすることです。

アドラーによれば、「他者に関心を持たないと、いつのまにか自分を世界の中心のように思ってしまう」といいます。これが高じると、他者が自分のために動かないことに対し、憤《いきどお》りの気持ちがおこってしまいます。

アドラーはこれを「**自分への執着**《しゅうちゃく》」と呼んでいます。アドラーが重視する「**共同体感覚**」（▼P.60）は、他者にどれだけ関心を持っているか、で量れます。自分の見方は絶対的なものではないことに気づき、相手は自分とは違う見方をしているのだと知ることが、相手との接し方の第一歩です。

自分と相手は違う見方をしていると理解しよう

心理学用語 **【人間関係トレーニング】** 心理学には、他者の感情に気づき、建設的な相互作用を進めるためのテクニックがあり、その技術を学ぶ訓練があります。

## 他者に関心を持とう

自己中心的な主張では、他者との関係を壊してしまいます。他者を理解しようとする気持ちを持ちましょう。

### 相手を理解することのメリット

相手のものの見方、考え方は、自分とは違うことがわかると、相手の行動を予想したり、生じそうなトラブルを予防したりすることもできます。それだけでも対人関係の摩擦は軽減されます。

相手の考え方は変えにくいもの。しかし相手を理解しようとすることで、逆に相手から自分が理解されるようになる場合は、少なくありません。それをふまえて、次のページから他者との具体的な接し方を見ていきましょう。

心理学用語 **【執着】** その対象に強く心を惹かれて、深く思い込んで忘れられなくなること。人間関係において、建設的な関係を促進するには邪魔になります。

苦手意識とつき合う ❷

# 苦手な人とは無理に仲よくならなくてよい

## 苦手な人は常にいるもの

相手を理解しようとする。これが人との接し方の基本です。しかし、それでもやはり苦手は苦手、という場合も多いでしょう。そこでまず**苦手意識**について考えます。

1限で述べた「だれもが自分の眼鏡を通して人やものを見てしまう」という**認知論**（▼P.46）は、アドラー心理学の大きな理論の一つです。

つまり、同じ人に対して、「話しやすそうだな」と思う人がいる一方、「いじわるそうだな」と感じる人がいるということです。これはしかたないと考えましょう。

「○○そうだな」という感覚は、過去の記憶に影響されていることがしばしばです（▼P.104）。また、だれしも、世の中の二割の人に苦手意識を持っている、ともいわれています。

人が集まれば
苦手な人が二割は
いるものなんだ

## 自分で勝手に増幅しない

一度苦手グループに分類してしまうと、苦手意識を払拭《ふっしょく》し、仕分けし直すのは、なかなかむずかしいものです。ただここで気をつけたいのは、苦手意識を自ら増大してしまう危険です。

何気ない態度や言葉から、苦手意識は相手に感じ取られることがあります。それがもとで相手がこちらを警戒するようになり、すると、こちらもますます苦手になる、ということがあり

心理学用語 **【対人葛藤】** 目標、価値観、態度などの点で、他者との間で不一致が起きること。

ます。

いったんは自分の認知論に気づいて、できるだけ新鮮な気持ちで相手を見てみましょう。

それでもダメなときは、無理に仲よくならなくてよいと考え、楽な気持ちになりましょう。

**自分を苦手と思う人もいる一方で、自分を好んでくれる人も必ずいます。**

自分が大切に思う人、自分を大切に思ってくれる人とのつき合いに力を注いだほうが、建設的でしょう。

## 相性のよい人と相性の悪い人がいる

他者への苦手意識は、人づき合いがうまくなり苦手意識を薄められても、ゼロにすることはできません。

### 相性のよい人と悪い人の割合

人間は過去の経験に従って、人の好き嫌いを決めつけてしまっています。その傾向は「相性の法則」となってあらわれ、「相性のよい人：普通の人：相性の悪い人」が「2：7：1」の割合になるといわれます。

### 苦手意識は伝わってしまう

相手を理解するためには、相手に理解されることも重要です。態度は外にあらわれやすく、相手に苦手意識が伝わると、距離は広がるばかりになります。

心理学用語 **【相性の法則】** 相性のよい人：普通の人：相性の悪い人の割合は「2：7：1」のほかに「2：6：2」ともいわれます。相性のよい人も相性の悪い人もゼロにはなりません。

# 苦手なイメージは上書き解消できる

## 共同の体験を通して上書きされる

前ページで、苦手意識を払拭《ふっしょく》するのはむずかしいというお話をしました。しかしむずかしいけれど、できないことではありません。

「同じチームになったこの人は、どうも苦手だ。でもそれはそれ。意識せずにつき合おう」

そう思って仕事や活動をしているうちに、その人のよいところが見つかることがあります。

長所や尊敬できる点が見つかると、人はだんだん親しく話せるようになるもの。いつのまにか苦手意識も消え失せていた、というケースは少なくないのです。

つまり、共同の体験を重ねることは、他者を理解する（▼P.154）ことに有効なのです。苦手な人と共同の体験を重ねることによって、それがよい体験となれば、苦手意識を上書き解消することは十分可能です。

## 無理に上書きする必要はない

ただし、無理をする必要はありません。苦手な人とのつき合いには、好きな人とつき合うよりも、大きなエネルギーを要するものです。ストレスも感じるでしょう。

あくまでも自然に、なりゆきにまかせるようにすればよいでしょう。苦手でなくなる可能性があるということを頭に入れておけば、楽しみも感じられるかもしれません。

尊敬できる点が
見つかれば
相手への苦手意識は
消えるもの

心理学用語 **【対人魅力の要因】** ①外見の魅力、②繰り返し接すると好感度が高まるという接触効果、③恐怖による興奮と他者への好意による興奮を誤って解釈する誤帰属の三つ。

## 共同作業で苦手意識を上書き

他者を理解するよい方法の一つとして、一緒に共通の仕事を行い、所属感、信頼感、尊敬できる点を探すチャンスを持つことがあげられます。

### 1 共通の目標を持つ

会議の準備
さっさと
終わらせようぜ

一つの目標を共有すると、ともに所属感を高め、相手の長所や尊敬できるポイントを見出しやすくなります。

### 2 信頼する

企画書づくりは
きみに任せた！
……
水

相手の長所や尊敬ポイントがあらわれやすく、相手への理解を深める第一歩になります。

### 3 協力する

後ろ気をつけて

ともに仕事を行うことで、共通の目的達成への貢献感が高まります。

### 4 共感する

新しい企画案だし、
悩んでいるんだろうなぁ
……
水
書類

相手の立場に立って考えます。無理に考えを合わせたり、同情する必要はありません。

心理学用語 【距離ゾーン】 対人間の距離が相対的に小さい場合はお互いが親しく、距離が広がると関係性が形式的なものになっていきます。

苦手意識とつき合う④

# 相手を知れば苦手ではなくなる

## 思い込みがつくる苦手意識

社内でAさんの後輩に、ちょっとイケメンで自己主張の強いBさんがいました。大きな会議でもものおじしないで意見を述べます。Aさんは何となく、そんなBさんが苦手でした。

あるときBさんが、Aさんと同じチームに配属されました。そこでAさんは思い切ってBさんを食事に誘ってみました。すると、自分がBさんをずいぶん誤解していたことがわかりました。

押しが強いように見えたBさんは、会議の前日不安でよく眠れないときもあるし、発表のリハーサルもしているというのです。

そのときAさんは、自分の苦手意識はBさんへの**羨望**《せんぼう》からきていたものだと気づきました。自分には素質的にかなわない相手と決めつけ、勝手な思いこみから敬遠していたのです。Bさんの影の努力を知ってからのAさんは、二人同じチームで協力し合うことに、不思議なほど抵抗がなくなったそうです。

## 思い切って相手に近づいてみる

苦手な人はいて当たり前。こう思っていれば、思い切って相手に近づくのも楽になります。うまくいけば、前述のBさんのように親密な人間関係が築けるかもしれません。ダメならしかたありません。やっぱりダメだった、でよいのですから。

自分の勝手な
思い込みが
苦手意識の
原因かも

心理学用語 【スキーマ】 ものごとを認知するとき、新たな経験ではなく、既知の知識の枠組みでとらえる傾向。先生という職業イメージのステレオタイプな見方が例となります。

## 苦手意識は思い込みから

苦手な人との距離を縮めるには、自分の課題と他者の課題を切り分けて考え、相手を知ることに意識を向けることが大切。

苦手意識は、深刻な悩みを引き起こす場合があります。たとえば、苦手な人が連続してあらわれたり、周りの人たちはうまくやれているのに、自分だけ苦手意識を感じたりした場合、自分は人づき合いが下手なのだと**決めつけ**てしまうのです。これは危険です。

それよりは、相手をもっと知ることに意識を向けてみましょう。相手は自分とは違うのだと理解（▼P.154）したうえで、思い切って近づいてみるのです。先例のような**共通感覚**（▼P.108）を持つ関係になれるかもしれませんから。

心理学用語 **【親密】** 交際が深く感情的な近さを持った人間関係で、互いによく知り合い、互いに優しく愛情のある関係となります。

苦手意識とつき合う⑤

# 苦手な人とのつき合いは仕事と割り切る

## 適度な距離感を保つ

相手に感じる苦手なイメージを上書き解消するのは簡単ではありません。その際に、「みんなと同じように仲よくしなければ」という**同調圧力**や、「みんなから認められたい」という**承認欲求**は持たないようにしましょう。みんなと同じようにするのは無理があります。くり返しますが、苦手な人はいて当たり前なのですから、それでよいのです。

でも仕事であれば、苦手な人ともつき合うしかありません。仲よくなることはすっぱりあきらめて、割り切って接しましょう。敬意を払って任務をこなし、報告を忘れなければ、それ以上のことはしなくてよいのです。自分から、苦手であることをわざとらしくアピールすることは避けつつ、適度な距離感を保ちましょう。

## あきらめるのも一つの方法

しかし親睦会《しんぼくかい》や部内行事などでは、仕事から離れた話題で話しかけられることもあるかもしれません。面と向かって冗談を言われても、苦しいものです。そんなときはあきらめましょう。

できる限りのつき合いはして、嫌な気持ちになったとしても、気にとめないことです。

苦手な人を相手にがんばるあなたの姿は、周りからもわかるものです。理解してくれる人とのつき合いを大切にするようにしましょう。

心理学用語 【同調】 集団のなかで、自分の意見を周りの雰囲気に合わせて逸脱しないように適応すること。自分と集団の答えが合うと、答えの真偽に関わらず、妥当性を感じます。

## 「みんな大好き」じゃダメ

すべての人と仲よくしなくてはいけないと思い込み、同調圧力や承認欲求という強迫観念にとらわれてはいけません。苦手な人はゼロにはならないのです。

### 同調圧力と承認欲求

みんなと仲よくならなくてはと思い込む気持ちの裏には、同調圧力と承認欲求という心の動きがあります。

苦手な人なんていない!
嫌われたくない!
手をつなぎたくないけど…
承認欲求
だれからも嫌われたくない、みんなから認められたいという心の動き。
同調圧力
みんなの仲がいいから、同じように自分も仲よくしなければという心の動き。


### 苦手な相手とのつき合い方

#### 1 威圧感を減らす

関係の悪い相手と応対する際、真正面から向き合うと威圧感を与え緊張が生まれるため、横や斜め前から対話するのが有効です。

#### 2 話題を書き出しておく

対面したときの威圧感や緊張感を減らす手段として、課題を記したホワイトボードや書類を介して話を進める方法もあります。

心理学用語 **【集団同一視】** 個人が集団の特徴を真似するなど、その集団に依存し、献身的な行動をすること。「集団＝自分」と考え、独自の個人であるという感覚を減らします。

苦手意識とつき合う⑥

# 不機嫌は自分のせいとは考えない

## 不機嫌な人にはその人なりの「目的」がある

「やり直し」

目も合わせず、上司から返された書類を見ると、確かにデータの不備が見つかりました。でもふだんは優しい上司なのに、なぜ今日は目を合わせてくれなかったのか。しかも、やり直しの一言だけ。私は何か、ミス以外で気に触ることをしてしまったのか。

　このように、相手の不機嫌な態度の原因が自分にあるのではと、悩んでしまうことはありませんか。メールの返信が来ないとか、今日は彼氏の笑顔が少ないとか。

　しかし、自分にも不機嫌なときがありますよね。それを思い出してみてください。頭が痛い、二日酔い、家族とけんかになったことが頭から離れないなど、原因は自分自身にあることが、ほとんどではないでしょうか。アドラー心理学では、行動は**目的**にそっていると考えます。たとえば不機嫌な人は、他者を遠ざけたいという目的があるとも考えられますね。

## 相手の不機嫌は、自分とは無関係

　いろいろ勘ぐって思い悩むのは、馬鹿らしいもの。不機嫌な相手に接したときは、その不機嫌は自分とは関係ないと考え、気にしないことです。その不機嫌が自分に対してだけ長く続くようであれば、そのときにこそ、なぜだろうと

大きく感情が動くときその目的を探るのです

心理学用語 【喜怒哀楽と体】 感情は体と脳に関係していて、強い緊張を覚えれば冷や汗や動悸が激しくなります。その反対に、体の疲労が不機嫌となってあらわれることもあります。

考えればよいのです。そのようなことは滅多にないですが。明日からの建設的なつき合いを目指し、今日は話しかけるのはやめておこう、くらいの配慮で十分でしょう。

---

逆にいえば、自分の機嫌が悪いときも、周りから前述のように見られているということ。感情が大きく動くときは、その目的を探り、意識しておくだけでも、周りとの緊張はやわらぐはずです。

## 不機嫌な相手は放っておこう

不機嫌になる感情には必ず目的があります。その感情をぶつけられないように、また他人にぶつけないように気をつけましょう。

### 不機嫌な相手には近づかない

ムスッ

不機嫌な人は「他者を近づけたくない」、または「話しかけてかまってほしい」というサインを出していると考えます。必要最低限のコミュニケーションを取り、距離を置くのが賢明。

### 自分の目的を意識する

一人になりたいから不機嫌？
同情してほしいから不機嫌？
二日酔いだから不機嫌？

自分が不機嫌なことを自覚した場合、自分のイライラの感情を整理してみましょう。イライラの正体が分析できれば、気分は落ち着き、他者へ感情をぶつけることは避けられます。

心理学用語 【自己顕示】 おおげさで目を引く行動を通して、自分に関心を引こうとする態度や行動。

対人関係の作法 1

# ほめることはよいこととは限らない

相手とは
対等な
つき合いを
心がけるんだ

## ほめることの落とし穴

「子どもはほめて伸ばす」

よく聞くフレーズです。しかし職場で「ほめること」は、必ずしもよいとは限りません。ほめることは評価の一つなので、目上の人から目下の人への行為になります。

「数字を上げたな。よくやった」

このようなことばで上司に仕事の結果をほめられた部下は、意欲を持ち、次もほめられようとします。しかしここに落とし穴があります。

結果を評価して、ほめる・ほめられるの関係をつくってしまうと、それを続けなくてはなりません。うっかりほめ忘れると、それが相手には、悪評価として受け取られてしまうのです。

## ほめるよりも勇気づけ

ではどうしたらよいのでしょうか。それは**勇気づける**ことです。

ほめることは**依存性（支配性）**を高めてしまいますが、勇気づけは**自立性**を高めることができます。

「がんばってるね。ありがとう」「きみの段取りと処理能力には、いつも助けられているよ」などのように結果を評価するのではなく、行為や過程のよいところを認め、伝えるのです。

勇気づけに上下は関係ありませんから、部下が上司を勇気づけることもできます。

心理学用語 **【共依存】** 互いに依存している状態。よい関係のほか、たとえば身内にアルコール依存症患者がいる場合、サポートする側もされる側も依存し合う苦痛な状態になることも。

「いつも学ばさせてもらっています」「いい企画ですね。わたしもがんばりたいです」などのことばはお世辞とは違います。前向きな思いを、率直に表現すればよいのです。

上司と部下の区別なく、みんなで勇気づけを行える職場からは、人間関係のトラブルはなくなるのではないでしょうか。

## 人間関係をダメにするほめことば

ほめることは人間関係を円滑にするように見えますが、実はほめる行為は、「ほめる・ほめられる関係」という互いの支配と依存性を高めてしまいます。

### 1 一度ほめたらやめられない

結果をほめていると、「ほめる・ほめられる関係」がつくられてしまいます。相手は今後も、結果がよければほめてもらえると期待するようになります。

売上
達成だ！
ほめて
やるぞ！

### 2 よりたくさんほめる事態に

ほめ忘れると、相手は期待はずれとなり、悪評価を得たのと同じになります。また結果ばかりを単調にほめると、刺激がなくなり、過度のほめことばでないと満足しなくなります。

お前なら
やれる！
がんばれ！
だから働け！
どうしよう
かなあ…

### 3 絶えずほめ続ける関係に

ほめないと、相手の意欲減退が起こるため、常に相手を気にかけてほめることに。ほめることで相手を支配すると同時に、相手からも支配されることになります。

頼むから働いて…
ほめて
くれなきゃ
働きません

アドラーの名言

**野心のある子供は他人の賞賛なしには生きることはできないと感じている**（『子どもの教育』）

対人関係の作法②

# 感謝のことばで勇気づけ

## 感謝は効果的な勇気づけ

前ページで、**勇気づけ**は、部下から上司へも行えるという話をしました。

しかし、勇気づけのことばがまだ浸透していない職場の場合は、せっかく勇気づけようとしても、周りからお世辞を言っているようにも受け取られかねません。

そんな職場では、まず単に**感謝のことば**を伝えることから始めるとよいでしょう。

「よくわかりました。ありがとうございます」

感謝は、相手の行為を受けとめている印となるからです。もちろん上司から部下、同僚どうしでも勇気づけになります。

**「ありがとう」「うれしい」「助かるよ」**などと言われたほうは、周りの役に立っているなら、これからもがんばろう、と思うはずです。

感謝のことばは、簡単で効果的な勇気づけなのです。

「ありがとう」は効果的な勇気づけのことばなんだ

## 形として残すとさらに効果が

とはいえ、勇気づけのことばを使い始めると、周りから少し浮いてしまうかもしれません。これは、周囲が勇気づけのことばが飛び交う環境に慣れていないための違和感で、これが習慣化すれば感謝のことばはなじんできます。

勇気づけのことばを、口で伝えるのが十分になじんでいない環境の場合、文字で伝えるとい

心理学用語 **【コミュニケーション行動】** ①相手に情報を伝える、②相手にポジティブな(ネガティブな)興奮を起こす、③相手の行動を制御しようとする。これらは相互に関連します。

う、よい方法があります。それは「ありがとうございました」などと書いたメモをデスクに置いておくことです。感謝されて腹を立てる人はいません。**むしろ形として残されていれば、くり返し見ることができます。**電子メールでもよいでしょう。

さらに電子メールのよいところは、返信できるところです。「ありがとう」には「いえ、こちらこそ」と返すことで、相乗効果があります。P.234に相手への勇気づけを習慣づけるコツの解説がありますので、参考にしてみてください。

## 感謝のキャッチボールを起こそう

今回は助かったぜありがとう
感謝のブーメラン
形に残る感謝
いいやつじゃん
勇気UP
こちらこそたすかったよ。

感謝の想いを伝えることで、相手が次の感謝を生み、感謝のキャッチボールが習慣化する可能性が生じます。

心理学用語 【非言語的コミュニケーション】 表情、目線、しぐさ、姿勢、声、話し方、匂い、色など五感に訴える要因によって、ことばによらず意志や感情を伝達し合うこと。

対人関係の作法 ③

# 批判されても感謝を返す

## 批判されたい人はいない

「きみのメールはいつもぶっきらぼうだな」
「少しは相手の立場に立って考えてみろよ」
「そもそもきみは考えが幼いよ」

グサッとくることばを、面と向かって言われることはありませんか。そんな相手からの**批判**には、反論や言い訳をしたくなるのも無理はありません。

「いつもってことはないはずです」
「自分なりに相手の立場で考えてます」
「自分はそんなにダメなのか…」

批判されると、腹が立ったり落ち込んだりしてしまいます。批判した人に対し、たちまち苦手意識を持ってしまうかもしれません。

## 感謝のことばで気持ちを変える

人間関係を好転させる万能薬は、**感謝**です。「ご指摘ありがとうございました」「気づきませんでした。ありがたいです」などと感謝のことばを返してみましょう。そうすると不思議なもので、本当に批判を謙虚に受けとめられるようになるものです。そしてこれは、自分自身への勇気づけの習慣づくりにもなるのです（▼P.244）。

自分を励《はげ》ます**セルフトーク**（▼P.106）でしっかり自分を支え、批判に対する抵抗力を強めておくようにしましょう。

批判に反論は人間関係にマイナスです

心理学用語 【気づき】 他者の感情などに対して、認知的または感情的に判断を行うこと。

## なぜ批判されたら嫌なのか

批判に対して反射的に怒りをぶつけたら、人間関係が壊れてしまうかもしれません。怒りの感情を分析し、コントロールすることが大切です。

### 批判と怒りは直結しない

批判
目的
お前が批判なんて
俺が許さん!
怒り


批判されたら反射的にムッとしてしまいがちです。しかし、ムッとする怒りの感情には目的があるはず。分析し、怒りによって自分は何がしたいのかを意識しましょう。

### 非論理的な批判は無視

お前もう
遅刻するな
OK
遅刻は迷惑
わかりました
時計
壊れてるん
じゃない?
壊れてない
ので無視
………
遅刻するやつは
何やってもダメだ
非論理的
なので無視
………


怒りの目的を意識できたら、論理にかなった意見は受け入れ、非論理的な文句は内心で無視するなど、争いを起こさない、建設的な対応を目指しましょう。

心理学用語 【非論理性】 妄想的な考えやことばなど、勝手な思い込みや誤った推論をしがちな傾向のこと。

対人関係の作法 ④

# ダメ出しする人は勇気のない人

## 相手の否定は人間関係を壊す

勇気づけの逆が**勇気くじき**（▼P.58）です。勇気くじきの典型が**ダメ出し**です。映画やテレビドラマなどで、俳優の演技に対して、監督が「ダメ、もう一度」などと言うのがダメ出し。俳優は仕事だから覚悟しているかもしれませんが、一般の人が職場などで言われたら、勇気がくじかれます。

「何言ってるんだ。違うだろ」
「今そんな話をしているんじゃない」
「よく考えてから言え」

会議や報告会などで、しばしば聞かれる言い方ではないでしょうか。相手の言ったことを真正面から否定する発言で、まさにダメ出し。言われたほうは勇気をくじかれます。

やる気がそがれ、その相手に対しての強烈な苦手意識を植えつけます。人間関係を一気に壊す破壊力を持った言い方なのです。

## 恐れのあまりダメ出しをする

ダメ出しをされたら、どうしたらよいでしょう。実は勇気くじきをする人は、自分に勇気がないと解釈できます。相手を全面否定するときは、自分自身を否定されることを恐れて攻撃的になっているのです。反論の余地を残さずに高圧的になっていると考えられるのです。

ダメ出しで相手をへこまそうとする人は、勇

ダメ出しより
OK 出しで
勇気づけよう

心理学用語 **【否認】** 不快な考えや感情、できごとなどを無視したり、気づきを避ける防衛機構。浮気や深刻な病気など、現実を知ることの拒否となってあらわれます。

気がない人だと思って、気にしないようにすることがいちばんです。

ダメ出しとは、他人を上から見る**評価の行為**です。アドラー心理学では、「他者を評価しないこと」と教えます。他者は自分と同じ目標を持った仲間で、他者と自分はあくまでも対等な関係なのです。

## OK出しを積極的に

勇気くじきの典型であるダメ出しを、自分からすることは、もちろん避けたいですね。「その考えもわかるけど、別の角度も考えよう」「着眼点はなかなかだけど、方向性はどうかな。一緒に練り直してみよう」などと評価でなく建設的な対応をしましょう。

相手のよいところを見つけ、それを認めるのです。これが**OK出し**です。OK出しは、力強い勇気づけになります。部分的でもよいので、OK出しは積極的に行いましょう。

## ダメ出しよりOK出しを

ダメ出しはやる気をそぎ人間関係を壊すことばで、OK出しはやる気を刺激し人間関係をよくすることばです。

ダメ
OK
これじゃダメってわかるよね?
やり直しですね
よいとこ一つもないですね
いいけどもっといけそう
もう一回一緒に考えよう
悪いところは改善できるよ

心理学用語 **【非言語コミュニケーションの効果】** 話し手の印象は、視覚情報55%、聴覚情報38%、言語情報7%といわれ、言語以外で印象づけられるとの調査結果があります。

対人関係の作法 ⑤

# 比較する人は勇気のない人

## 比較する人は人間関係の築けない人

勇気をくじかれることばに、**比較**があります（▼P.124）。

「前はもっと仕事が早かったんじゃないか？」

「この仕事、A君は間違えずにできているんだがなあ」

「きみにはもっと期待していたんだぞ」

これらはいずれも比較のことばです。**過去と比較、他者と比較、理想と比較**して、期待はずれだったと言っています。

言われるとつらいものですが、なるべく気にしないで、気持ちを切り替えましょう。比較のことばを言われたら、どのパターンの比較に属するかを冷静に考えてみましょう。それだけでも気持ちは整理できます。

比較した人は、人間関係をうまく築けない人だくらいに思えれば、かなり気が楽になるものです。

比較で
自分や相手を
判断するのは
やめるんだ

## 自分に対する比較もやめる

もちろん、自分が相手を比較することもやめましょう。

どうも人間関係がぎくしゃくするなと感じた場合、自分の言動をふり返ってみましょう。知らず知らずのうちに、他者どうしを比較し、それがことばや態度のはしばしに出ていないでしょうか。仮に笑顔で冗談めかして言い、相手

心理学用語 **【理想化】** 完ぺきに近く見えるように、あらゆることを肯定的に誇張して、不完全さや失敗を最小に見えるようにすること。

もノリで返してきたとしても、案外心に刺さっていることはあるものです。

自分と相手を比較することもやめましょう。意味もなく自分を卑下したり、他人を見下すことにもつながります。

また、比較ではありませんが、相手に対しての**人格否定**（▼P.59）や**高すぎるハードルの設定**も、勇気くじきになります。「何をやらせてもだめだな」「一か月の前倒しくらいできるだろう」など、つい口から出てしまいそうなことばです。自分から相手に言うことがないよう、くれぐれも気をつけるようにしましょう。

## 比較パターンを読み取る

この人は過去の自分と比較してるな
ムッ
なんで先月はできていたのに今月できないんだよ!?
オレなら間違いなくもっと早く仕上げるね
他者と比較されてるな…
せっかく目をかけてるんだから…期待に応えろよ
理想と比較されても…
比較された場合は、上記のどのパターンにあてはまるのか判断して、気持ちを落ち着かせましょう。

心理学用語 **【新近性効果】** 最後に提示された他者の印象が、それ以前に提示されたものよりも記憶・学習されやすいという記憶の現象。

対人関係の作法⑥

# 失敗した人に「なぜ?」と問わない

## 知らず知らずしているなぜ問い

人間関係がぎくしゃくしている場合、比較のほか、いつのまにか**なぜ問い**をしているケースが見受けられます。

「なんでこんなところにミスがあるの?」

「なぜ遅れるんだね」

「どうして言ったことが伝わらないんだ」

相手が答えても答えても、さらにたたみかけるように、なぜ問いが続くこともあります。**これは未来に目を向けず、過去の原因を探るもので、勇気くじきの典型**です。

「ミスから学んだことを次に生かそうよ」

「遅れたのなら、今から巻き返そう」

「言い方が悪かったのかもしれないが、もう一度言うよ」

失敗した人は、言われなくても自分の失敗を悔いているものです。そんなときは、失敗した人を、逆に勇気づける発想に変えましょう。

共通の目標をつくることで、よい人間関係を築くことができるでしょう。

## なぜ問いをされたら、軽く受け流す

わたしたち自身がなぜ問いをされた場合、勇気をくじかれてしまいます。なぜ問いをした人に対し、それ以後苦手意識を持つことにもなりかねません。

頭に入れておきたいのは、なぜ問いをする人

失敗した人こそ
勇気づけが
必要なんだ

心理学用語 **【内発的動機づけ】** おもしろい、楽しいなどといった自分の内面から湧く刺激を受けて行動すること。好奇心や興味、達成感を求めて行動することが、これにあたります。

は、必ずしも原因を解明しようとしているわけではない、ということです。なぜ問いをする人自身の勇気が弱いことによる不安が背景にあるために、相手に原因を求めているのです。なので、内心ではこれはなぜ問いだと客観的にとらえ、できるだけ軽く受け流すようにするのが、精神の健康にはよいでしょう。

自分自身になぜ問いをすることも、自分に対する勇気くじきです。意識してやめるようにしましょう。

## 他者の失敗を受け入れる

失敗した人は、たいてい原因を理解し、悔いています。失敗の原因を共有し、目標を与えることを目指しましょう。

### なぜ問いのデメリット

勇気
DOWN
やる気
DOWN
なぜ間違ったわけ？
なぜ連絡ミスを
起こすわけ？
反省はいいから
根本原因は？

一方的ななぜ問いは、相手の勇気をくじくほか、「自分は悪くない」といった失敗の原因を他人に押しつける行為にもなりえます。

### 失敗を肯定する

勇気
UP
やる気
UP
見事な
チャレンジだった
連絡ミスなら
次は気をつけよう
次はどんな点を
注意しようか

失敗の原因を確認できたら、その失敗を糧にできるよう、共通の目標を持てるよう、相手の勇気とやる気を後押ししましょう。

心理学用語 **【外発的動機づけ】** ほめられる、叱られるなど外部からの刺激を受けた行動。報酬がほしくて行動するようになるため、報酬に興味がなくなるとやる気もなくなります。

対人関係の作法⑦

# 大げさな思い込みで他者と向き合わない

大げさに考えて、自分自身で悩みを広げないように注意しましょう。

「みんなそうだ」と
思い込むことは
やめましょう

## 決してみんなではない

相手を苦手と意識してしまうと、実際以上に苦手意識を増大することがあります。

また、同じグループに苦手な人が複数いると、ついわたしたちは、実際以上に大勢から嫌われている感覚に陥りがちです。不登校や出社拒否になる人のなかには、「みんなに嫌われている」と言う人が、しばしば見受けられます。

しかし冷静に数えてみると、決してみんなということはありません。周りを見回せば、自分と仲のよい人も、好き嫌いどちらとも感じていない人もきちんと存在するのです。

アドラー心理学では、これを**誇張**《こちょう》と呼びます。

## すべてに当てはめることはやめる

似たような概念に**過度の一般化**があります。一つの事柄をすべてに広げてしまうのです。

たとえば得意先で発注ミスが発覚し、叱られたとします。そんなとき、たった一つの失敗がすべてに当てはまるように考えて、「自分は仕事で必ず失敗する人間だ」と決めつけてしまうのです。これでは苦手意識が増大してしまいます。「一つミスしてしまった。でもほかはうまくいってるから大丈夫。次は気をつけよう」と考えて、気を楽に持つようにしましょう。

心理学用語 **【対人認知】** 他者に対して、行動や関係について考え、評価する過程。第一印象の形成には、人物の印象が形成されるカギを握る特性と、印象に影響のない特性があります。

## 苦手意識は増大させない

「自分のゆがんだ決めつけ」に関しては認知論（▶ P.46）で述べています。苦手意識の目的を整理し、ありえない想像を膨らませないようにしましょう。

あ…
おはよう
今の間は何！
嫌われてる？
ワイ ワイ
人づき合い
苦手だ…
思い込み
一度ミスしたやつに
チャンスはないよ
1ミス
会社に
行くの
嫌だなあ
この仕事
合わない
のかなー
辞表

**誇張**
1のものを10にとらえてしまう心の動きです。

**決めつけ**
可能性にしか過ぎないものを断定することです。

**過度の一般化**
ある部分の問題を、全部の問題ととらえることです。

**誤った価値観**
自滅的、破滅的な見方でものごとをとらえることです。

**現実**
悩みを大きくする前に、苦手意識に関する意識づけ（▶ P.156）を行いましょう。たいていの場合、会社の同僚はあなたを苦手には思っていません。

おはよー
うっす
おう

心理学用語 **【バーナム効果】** だれでも当てはまる一般的な内容の記述を正しいと思い込む人の傾向。占いの予言や一般的な性格記述を、自分に当てはまると信じ込んでしまう心理。

# 不安は感じて当たり前

## 先を想像すれば当然不安になる

「明日は大事なクライアントに会う」
「知らないメンバーばかりの企画班に入った」
「大勢の前で調査報告をしなければならない」

わたしたちはいろいろな場面で、大なり小なり**不安**を感じます。人間関係が絡むときは特に不安が大きくなります。

「がっかりされないだろうか」「ダメなやつだと思われないだろうか」「そんなことでくよくよする自分は、今後仕事の責任を負っていけるのだろうか」と。

それでよいのです。先のことを想像できる人間であれば、不安になって当然なのです。

劣等感同様
不安も個人を
成長させる
力になるんだ

## 不安は人間らしい心の働き

アドラー心理学で、「**劣等感は個人を成長させる刺激**（▼P.52）」と考えるのと同じように、不安も個人を成長させるものです。

不安とは、先の例のように、対処の準備が十分でない場合に生じる感情です。人間関係で不安を感じるならば、それはよりよい人間関係を築きたいと思う、極めて人間らしい願いです。

不安を減らすことを目標に、努力すればよいと考えたいものです。

## 不安が実現する可能性は低い

漠然とした不安は、過去の記憶による影響も

心理学用語 **【認知的不協和】** 矛盾した考えや態度、信念などを抱えて、緊張感や不快感を覚える状態。人は、これを治すために態度や行動を変更することもあるといわれます。

多くあります。これを**トラウマ**（▼P.94）と呼びます。「こんな大雨の日に大失敗した。今日も似た天気だ。何か起こりそうで恐い」などと根拠がないのに最悪のことを考えてしまいます。しかしアドラー心理学はトラウマを否定します。過去にこだわっているのは自分自身。これからのこと、今自分にできることを考えれば、過去を原因とした不安とは決別できます。最悪のことは滅多に起こりません。深刻に考えないようにしましょう。

## 人間関係に不安はつきもの

知らない人と会うことに不安を覚えるのは、極めて自然な心の動きです。その不安を前向きにとらえて行動しましょう。

### 不安とうまくつき合おう

**不安**

＝

**準備が必要のサイン**

| 不安 | | 準備 |
| --- | --- | --- |
| テストが不安 | → | 勉強する |
| 病気は嫌だ | → | 運動する |
| 何を話そうか？ | → | 話す内容をメモ |

不安は、どこか準備が足りていないという自分の心の動きです。不安を覚えたら準備をする。そんな習慣づけができたら、自分を高めることができますね。

### ありえない不安は持たない

相手が突然、意味もなく怒りだすといった、常識ではありえない思い込みでも、自分の不安は増大します。極端な思い込みは持たないようにしましょう。

心理学用語 **【数の正当性】** 正解が何かわからないとき、数が多いものほど正当性（社会的リアリティ）があると思い込む心理。

対人関係の作法 ⑨

# 周りの役に立って**孤独感**を解放

## 居場所は自然にできるもの

一つのグループに所属していると、**孤独**を感じることがあります。居心地の悪さを感じ、自分以外と仲よくしている人たちがいると、それが妙に気になることもあります。

孤独とは、自分に不安を感じ、自分の居場所が不確かで、周りからの信頼感を得られないときに生じる感情です。

一旦孤独を感じると、相手と気軽に話せなくなるものです。そうなると、自分の気持ちはわかってもらえていないとか、自分はいても意味がないとまで、大げさに考えてしまうこともあります。

でも大丈夫です。人間はもともと集団生活を営む動物。自然と居場所はできるものです。気にしたり遠慮したりしているほうが、むしろ孤立を招いてしまいます。

## 周りの役に立てば一体感を得られる

孤独感から抜け出したいときは、自分の所属するグループに貢献することを考えましょう。アドラーの言う**他者貢献**《たしゃこうけん》です。

たとえば、周りの人が今いちばんがんばっていることを自分もがんばる。それだけで大きな貢献をしていることになります。成果が目に見えなくても、仲間意識を持って同じ目標に向かうことが、気持ちのうえで、周りの人の役に立

孤独感は楽しむこともできるんですよ

心理学用語 【不適応】 他者と関係性を維持したり、困難やストレスに対処できない状態。周囲からネガティブな評価を受けているという認識から、不満で不安定で無気力になります。

つのです。
周りの人々の役に立てていることは、すなわち周りの人々と一体になっていることを意味します。これはもはや孤独ではありません。
「ありがとう」「助かるよ」と感謝のことばが出ると、これは**勇気づけ**になり、ますます仲間意識は高まります。これがアドラーのいう**共同体感覚**にほかなりません。
孤独感は解放され、いつのまにか幸福感を手に入れていることでしょう。

## 孤独は一時的なもの

孤独感は長続きしない一時的なものです。あまり気にせず、孤独感を増大させないことが大切です。

### 孤独の原因

**信頼感の欠如**
だれも信じられなくなる状態。

**居場所の欠如**
安らげる場所を失うこと。

**安心感の欠如**
不安が頭を離れない状態。

ワイワイ!

人間は、上記の三つの感情を覚えると孤独を感じます。気にしてしまうと孤独感が増大します。気にせずにふだんどおりふるまうのがいちばんです。

### 孤独の解消は居場所探しから

わかりました
この仕事
お願い

孤独ががまんできない場合の解消策は、居場所づくりから始めましょう。仕事の協力などを通して他者と交われば、目標を共有でき、孤独感は薄れます。

心理学用語 **【社会規範】** 集団のなかで、ことばでは示されないルールのこと。集団ごとに社会規範は存在し、集団に属する人はその規範を守ることが求められます。

対人関係の作法 ⑩

# 短所に隠れた長所を見る

## だれしも短所は目についてしまうもの

「○○をどう思う？」

同じ職場の人は、つい話題になりがちです。

「課長って、案外小心者よね」

「部長は冷たい人だと思う」

「Dくんはちょっと軽率だ」

しかし出てくる評価は、なぜか**短所**が多くなってしまいませんか。

それは、**人はつい相手の短所が気になってしまうものだからです**。身近で自分に影響力のある人ならなおさらです。

人間は、ふつう自分の短所はある程度知っていて、それをなるべく露見させないようにしているものです。しかし、何気ない行動に短所が垣間見えてしまうと、それを機敏に感じ取った周りの人たちは、それを強く印象に残してしまうのです。

短所は過大視されてしまうことを知っておきましょう。

## 短所を長所と見直してみる

嫌なところばかりを見ていると、そのうちその人そのものが、嫌な人に思えてしまうこともあります。

これでは楽しくありませんし、そんなことから苦手意識を招いたり、人間関係を悪くしてしまったりすることも少なくないのです。

短所ばかり
注目していると
相手が嫌いに
なるんです

心理学用語 **【攻撃行動】** 競争心や怒りなどで動機づけられ、他者もしくは自分を攻撃し、破壊や挫折を生じさせる行動。

## 相手の短所を長所と見る

「頑固」は「意志の固さ」に
この金額は死守！
ぐっ
見つもり
500万円
高すぎないか？
「臆病」は「慎重」に
プレゼン練習もう1回やろう
十回目だよ！
「短気」は「行動力」に
ダメだったらB社に提案しようよ
切り替え早いね！

人間関係を楽にするために、相手の短所から長所を見つける習慣をつけましょう。

意識して見方を変えて、短所を**長所**として見直してみませんか。

たとえば、「小心者」という短所は「慎重な人」という長所に置き替えられます。「冷たい人」は「合理的な人」ともいえるでしょう。「軽卒」「短気」は「行動力がある」、「頑固」は「意志が強い」というように、意外と違った見方ができるものです。

相手の長所を見つけようと意識するだけでも、人間関係がずいぶん楽になります。

そして、短所を長所と見る習慣をつけることができるのです（▼P.238）。

心理学用語 【見物効果】 行動を他人に見られていると、その行動の量や質に影響が出ます。行動の量が増えるなどプラスの効果と、行動の質が落ちるなどマイナスの効果があります。

対人関係の作法 11

# 自分の意志を相手に主張

## 主張することは大切なこと

人間関係は、争わないのがいちばんです。その通りかもしれませんが、それを第一に考えていると、相手の要求にふり回されてしまうことがあります。何でも言うことを聞いてくれる便利な人と思われてしまうかもしれません。

そうした弱い立場に甘んじると、勇気くじきのことばを受けやすくなるものです。対人関係の基本は、相手を理解しようとすることで、それができれば、相手からも理解されるようになるものです。

そして相手からの理解を得るためには、自分も主張することが必要です。

## 相手と自分の主張を受け入れ合うのが理想

では、相手に対してどんなふうに主張したらよいでしょうか。最高の主張とは、相手の言い分を受け入れつつ、自分の言い分も受け入れてもらう主張です。よく**ウイン・ウイン**と呼ばれています。

上司「E地区の担当は任せた。まずは販売計画をすぐ提出してくれ。今週中でどうかな」

Aくん「とりあえず住民の意識調査を先にしたいのですが」

上司「急いでいるんだ。類似地域の調査を使ってシミュレーションしてくれ」

このように、仕事の打ち合わせで上司とAく

自分の主張と
相手の主張を
受け入れ
合うんだ

心理学用語 【ウイン・ウイン】 商取引において、双方が利益を得られる状態のこと。一般的に両者にとって都合がよく、うまくいっている状態もあらわします。

んとの間で言い分がぶつかってしまいました。Aくんは、将来のことも考えて、もう少し慎重に販売計画をつくりたいと思っています。そこで、「わかりました。来週火曜日まで時間をいただけないでしょうか」と上司に提案しました。

Aくんは上司の言い分を受ける代わりに、上司に時間を譲歩してもらいました。捻出した時間で、不十分ではありますが意識調査を実施。安心して販売計画に取り組むことができました。

このように、お互いの主張を受け入れ合えれば理想です。でも無理な場合は、自分の考えだけはしっかり述べたうえで、相手の主張を受け入れるのがよいでしょう。

ダメな例は次のような応対です。

「わかりました。やればいいんでしょう」

「どうしても私の言う通りにしてもらいますからね」

自分自身を過度に傷つけたり、相手を攻撃する主張では、人間関係を壊してしまいます。

## ウイン・ウインを目指そう

攻撃的主張では競争関係を生み、人間関係が壊れます。ウイン・ウインか折衷《せっちゅう》案の関係を目指しましょう。

ウイン・ウイン
主張を受け入れ合えた
折衷案
すみません
しかたない今回は譲歩するよ
攻撃的主張
もっと譲歩しないと
もう取引できませんな！

**【自己主張訓練】** 自分のことばや行動パターンを変化させて、コミュニケーション能力を強化、自分の意見を伝える方法、相手からの反論を受け止める方法を学びます。（心理学用語）

対人関係の作法 ⑫

# 断れないときは一部受け入れる

## 一部受け入れ、一部断る

仕事や団体活動で、わたしたちを悩ませるものに**断りたいのに断りにくいお願い**があります。今日はプライベートな約束があるので、予定時間内に仕事を終わらせよう。そう思ってうまく段取りしてがんばっていたのに、退社間際になって、部内でトラブル発生。自分とは直接関係ないけれど、同僚や後輩が右往左往。

そんなとき、どうしたらよいのでしょう。

前ページで紹介した主張の方法と同様、ウィン・ウインを目指して、自分と相手の両方に受け入れられる断り方を考えましょう。

事情を説明して納得してもらえる状況であれば、それがいちばんよい断り方ですが、どうしても断りにくさを感じるようであれば、事情を説明したうえで、一部受け入れます。

前述の例で言えば、持ち帰れる業務だけ引き受けるとか、一時間だけ手伝う、などです。

自分の事情と相手の事情とが、お互いに共有できれば、人間関係が壊れることはないと考えましょう。

ときには
きっぱりと
断ることも
大切なんだ

## 理由を言わずにきっぱり断る場合も

社内で恋愛の誘いを受けることもあるでしょう。しかし自分のタイプに合わない人からの誘いもあるはずです。

相手が上司だったり、友人としてはつき合い

心理学用語 **【葛藤】** 同時に二つ以上の欲求があり、相互に拮抗して選べず身動きが取れない状態。二つのやりたいことがあり、選べない状態が続くとストレスになります。

たい人だったりした場合など、無下に断ることができず、つい「今日は忙しいから」「体調が悪いので」といった、その場しのぎの理由をつけて断ってしまいがちです。

しかし、それだと相手は、「今日はどうか」とか「いつなら大丈夫か」などと、誘いを続けてくるでしょう。これはお互いのためによくありません。

**ときには理由なしで、きっぱり断るほうがよい場合もあることを覚えておきましょう。**

## 断り方のパターン

自分の意に沿わない返答をする必要はありません。とはいえ、怒りのままに復讐《ふくしゅう》的な返答をすることだけは避けましょう。

おい、きみのノートパソコン貸してくれよ

**OK❶**

### 傷つけずに断る

自分の事情を説明して、やわらかく断りの意志を伝えます。

わたしがこれから使うんですよ

**OK❷**

### 部分的に受け入れる

相手の事情を尊重するなら、妥協できる部分を提案してみます。

社内で一時間だけなら。わたしも使いたいので

**OK❸**

### きっぱりと断る

お願いが互いのためにならない場合、理由なしで断るのも手。

嫌です

**NG**

### 復讐的な断り方

いくら不愉快な要求でも、人間関係を壊す暴言は避けましょう。

甘えるな！
自分で買えよ

心理学用語 **【置き換え】** もともとの対象から他の対象に気持ちや行動を移すこと。不満を持った社員が上司の代わりに自分の配偶者を批判するなど、八つ当たりがこれにあたります。

対人関係の作法 ⑬

# 挑発されたら逆質問で返す

## 部下からもくるストレスのたまる一言

上司からのつらい一言はよくありますが、部下や後輩からの**いらつく一言**も少なくありません。近頃の、年功序列から遠ざかった職場では、なおさらではないでしょうか。

「係長、ご経験からおっしゃってるのですか?」などと、**挑発的なこと**を言ってくる場合もあります。

「あんたにはわからないかもしれないけど、こういうものなんですよ」などと、こちらも攻撃的に主張してしまっては、人間関係が壊れてしまいます。

「それって、うまくいくと思います?」などと相手から言われ、「当然ですよ。何ですか。うまくいかないとでも言いたいのですか」と真正面から返したい。でも口論になるのを恐れ、ぐっと飲みこんでしまう。

その結果ストレスもたまる。なんてこともあるでしょう。

## 相手に話をさせてしまう

そんなときは、思い切って飲みこもうとしていた言葉を言ってしまいましょう。ただしちょっと言い方を変えて。相手に話させるというスタンスで、です。

「ではあなたの意見はどうなのですか?」

たいていの場合、挑発してきた相手は、得た

挑発する人は
自分の意見を
話したい人
なんだ

心理学用語 【優越感】 劣等感情の過剰な補償（▶ P.52）から引き出される、可能性や能力に関する誇大な感情。

りとばかりに持論を展開するでしょう。多くの場合、挑発的なことばの目的は、自分の意見を述べて優越感に浸ることなのです。

意見をちゃんと聞き、受け入れるものがあれば受け入れるくらいの気持ちでよいのです。

「よくわかりました。ありがとうございます」

きちんとしめくくれば、角も立たず、話は先へ進みます。

突っかかってくる相手には、「〇〇ということを言いたいのですか?」などと逆質問で返し、ひとしきりしゃべらせてしまうのも賢い対処法です。

## 挑発の目的を見極める

え〜っ
え〜これ知らないの〜ウケる〜
ははは…
イラ…
挑発は相手が言葉遣いを知らないか
え〜
こんな常識も知らないなんて信じられない
あなたの注目を得たいと思うことのあらわれ
それは知らなかったな教えてくれない?
なので、まずは話を聞いてあげよう

挑発の目的を見極めるために、相手の意見を聞いてしまうスタンスをとりましょう。何度も挑発してくる相手なら、苦手な人と判断し、距離を置きます。

心理学用語【悪意への変換】敵だらけでだれも信頼できないという感情。引きこもりや攻撃的な行動のもとといわれています。

対人関係の作法⑭

# 自分も相手も対等につき合う

## たとえ子どもに対しても尊敬の念を持つ

アドラーが、ある家を訪問したとき、居間が子どものおもちゃで散らかり放題になっていました。母親がまっ赤になって怒り出しそうになったとき、アドラーは子どもに言いました。

「とっても上手に散らかしたね。同じくらい上手に片づけられるかな?」

するとあっというまに、おもちゃは箱に収まったそうです。

「だめじゃないか。きちんと片づけなさい」などと、上からのもの言いはしていません。

子どもの立場だったら、どう接してほしいかを、アドラーは考えて発言しています。子どもも、一人の人間として尊敬しているのです。

## 人間性に上下の差はない

職場でも同じです。上司や先輩はもちろんのこと、部下や後輩にも、尊敬の気持ちは忘れないようにしたいものです。

立場が上だからといって、下の人を思い通りに操作することはできません。時間の都合も、意志も、基本的に侵《おか》せないと考えておくとよいでしょう。**人間性に上下の差はない**のです。

他者と対等と考えられれば、一方的に権利を主張することは自然となくなります。これが他者貢献につながり、**共同体感覚**（▼P.60）を身につけることになるのです。

上司でも部下でも
相手に尊敬の
気持ちは
忘れずに

心理学用語 **【依存】** 他者からの援助や支援、保護や世話を求める状態。ある程度の依存は人間関係で自然なことですが、過度な依存や不適切な依存は治療の対象となります。

## 相手を上にも下にも見ない

自分を尊重してもらうには、相手を尊重する必要があると考えましょう。そうなれば、相互に尊敬し合う関係が築けます。

### 一人の人間として接する

寝過ごしました～！
遅刻は困りますが、遅れた理由が何かありましたか？（相手を尊重）
遅刻を挽回しようと、走ってきたのはすばらしい（相手の行動を信頼）
布団から出られないのは、よくわかります（相手のことばに共感）
明日は起きられるよう、何かお手伝いしますよ（協力を問いかけ）

相手を注意する場合、一方的なもの言いではなかなか相手に聞き入れてもらえません。相手が部下であれ子どもであれ、上記の四つを心がけて対等な立場を目指せば、相手も耳を傾けてくれるものです。

### 権利と責任は表裏一体

対人関係で、好き放題に自分の主張を通していくのは不可能です。自分の権利を主張するなら、同様に相手の主張を認める責任が生じます。

ぼくには幸せになる権利がある
よこせ
やだね！

＝［自分の権利を守るためなら他者の権利を妨害］

↓

**関係を壊す**

**壊さないためには…**

［他者の幸せを尊重する責任がある］

↓

**関係を強く結ぶ**

アドラーの名言

**われわれは子どもたちを友人として、対等な人として扱わなければならない**（『子どもの教育』）

対人関係の作法⑮

# 人を注意するには信頼関係が大切

## 信頼関係を確認

ときには業務中、部下に対して**注意**したり、叱ったりすることもあるでしょう。良好な人間関係を保ちつつ、部下を注意するには、どうしたらよいでしょう。

大事なのは**信頼関係**です。友だちづき合いを考えてみればわかります。信頼し合っている間であれば、忌憚《きたん》のない話をしても、相手を嫌うことはありません。上司部下の関係も同じです。

人を注意する前に、まず相手との信頼関係を確認してみましょう。ここでも自分と他者の主張を両方尊重する、**共同体感覚**（▼P.60）を働かせていきます。

## 目的をはっきりさせれば信頼される

相手と信頼関係が築けていないと感じた場合、これを機会に築いてみましょう。**コツは目的をはっきりさせることです。**

「きみは要するに甘えん坊だな」

「優柔不断がいけないんだよ」

仮にユーモアを交えて言ったとしても、これではダメです。部下の人格を攻撃しているからです。たとえば次のように、注意の目的をはっきりさせます。

「前回の提案はうまくいっていた。今回はそれをふまえて、プラスアルファのアイデアを入れてみてくれよ」

注意の目的をはっきりさせてなるべく具体的に

心理学用語 **【自己標的意識効果】** 常に注目・批判の的になっていると思い込んだり、関係ないできごとを自分に向けられたものと誤って推測したりする、自意識過剰な心理状態。

「慎重なのはいい。でも時間内に決断しよう」一回に一つだけ言うのがすっきりしていてよいでしょう。部下の目指すことまで具体的に設定できると、なおよいでしょう。

**具体的な到達点は、自分と相手との共通の目標となります。**具体的であれば、上司は自分のことをちゃんと見ていることが伝わるので、そこに信頼関係が生まれます。

気をつけたいのは、大勢の前で注意すること。特定の人に聞かれることを嫌がる部下もいるかもしれません。

**できれば一対一で注意するとよいでしょう。**

## 相手を注意する際のポイント

次のことを意識して注意すれば、人間関係を保ったまま、相手も意見を受け入れてくれるでしょう。

### ❶ 信頼関係を確かめる

相互に尊重し合える関係ならば、忌憚のない意見でも聞き入れてくれるでしょう。信頼関係が薄い場合は、以下の❷〜❺を心がけます。

### ❷ 注意する目的を確認

信頼関係が薄い場合、「相手の悪い習慣や行動を止めたい」「注意で相手のやる気や成長を促したい」など、自分の目的を意識します。

### ❸ 一対一で注意する

大勢の前での注意は、注意される相手にとって気持ちいいことではありません。自分の目的を意識して、できれば一対一で会話します。

### ❹ よい点と問題点をセットで

「まじめに仕事してくれてありがとう。でも、この作業はもっとよくなると思うんだ」など、よい部分と問題点をセットで指摘する手段も。

### ❺ 相手の目的を確かめる

自分には理不尽に見える行動でも、相手にはやむを得ない事情があるものです。注意するのはそれを確認してからでも遅くはありません。

アドラーの名言

**平等という適切な基礎があって初めて、愛は正しい道を取り、結婚を成功へと導くのである**(『個人心理学講義』)

やまき先生がスッキリ解決！

# アドラー式心理カウンセリング

人間関係編

## 相談1 上司に言いたいことが言えない

Eさん
（25歳・男性）

上司は怒りやすく、何かと怒鳴り散らす感情的な人です。今日も怒られるのではないかと心配で、毎日憂うつな気持ちで通勤しています。思い切って意見をしてみようかと思うのですが、実際にはできそうもありません。どうしたらいいでしょうか。

**先生**　具体的に、どんなときに怒られるのですか？

**Eさん**　連絡や報告をあまり密にしていなかったときとか、売り上げ計画が未達成のときなどですね。

**先生**　なるほど。言い返したいと思うのはどんなときですか？

Eさん たとえば理由も聞かずに一方的に怒られるときです。連絡が密にできなかったのは、クライアントとの打ち合わせが長引いたから、というときもあります。理不尽だと思うし、ストレスばかりがたまるので言い返したいのです。

先生 そうですか。そういう上司は、言い返しても逆効果かもしれませんね。言い返すとかえってエスカレートするタイプかもしれませんよ。

言い返すというよりは、自分の考えを伝える、という言い方がよいと思います。

その場合、言いたいことを事前にまとめて書いておくとよいでしょう。書いたメモを見ながら伝えると、あなたも冷静になれますし。

Eさん そうですね。でもやっぱり、おびえてしまいそうです。何かよいきっかけがあればよいのですが…。

---

先生 そうですねえ。その上司が怒る裏の理由は、何か思い浮かびますか？

Eさん 裏の理由ですか？

先生 怒りの裏、つまり根底にある理由です。**怒り**は裏に隠れた**一次感情**を伴っていることが多いのです。

たとえば、焦りとか、不安とか。よく考えてみて、そのあたりの想像がつくようであればいいですね。あなたからの考えを伝えるのにも、それを想像しておくと、誠意が加わると思います。

Eさん そう言われれば、ぼくの売り上げ計画未達成のときは、上司にとっても、焦りの感情があったのかもしれません。

先生 なるほど。一次感情にはメッセージを含んでいる場合があります。怒りが前面に出てしまうと、本人もメッセージを忘れてしまうことがあるので、わかりにくいこともあります。でも、怒りや一次感情のさらに後ろに、何か伝えたいこともあるのかもしれませんよ。

**Eさん**　メッセージが何かがわからないときは、どうしたらいいんですか？

**先生**　そんなときは書いて整理してみるとよいかもしれません。上司の立場に立って状況を想像して書いてみれば、気づくことがあると思います。
また、信頼できる同僚と話してみるのもよいでしょう。
そうしてみてから、上司に対して「ちょっと話を聞いてもらえませんか？」と切り出せば、それほどおびえることもないのではありませんか？

**Eさん**　なるほど、そうかもしれません。ただ、ほかの人に比べて特にぼくに対しての怒り方が激しい気がするので、嫌われているのではないかと思ってしまうのです。

**先生**　気持ちはわかりますが、あえてその考えを保留にして、上司はむしろ自分に伝えたいことがたくさんあると考えたほうが、生産性のある話ができると思いますね。

**Eさん**　なるほど。一次感情やメッセージが、どうしても思いつかなかったらどうすればいいでしょう。

**先生**　メッセージのない怒りも確かにあります。一次感情が仕事と何の関係もない場合です。たとえば、家で夫婦げんかをしたとか。

**Eさん**　八つ当たりみたいなものですね。そこまではぼくにはわかりませんね。

**先生**　確かにそうです。ただ総じていえることは、メッセージ性のない怒りは早くおさまり、メッセージ性のある怒りは継続するということです。

瞬間的に怒鳴って終わり、というのはメッセージ性のない怒り、つまり自分のストレス解消のための怒りです。そんなときは、いちいち応対することはやめて、自分には無関係だと思い、聞き流すことですね。アドラー心理学ではこれを**課題分け**（▼P.130）といいます。

もしくはメールを使うという方法もありますよ。順序よく話そうとしても、相手から思いがけないリアクションや質問があると、メモしてきた話ができなくなることも考えられますからね。

メールなら、あなたの言いたいことは最後まで読み切ってもらえるでしょうしね。

まずは、相手の怒りの根底にある感情やメッセージを想像してみて、言いたいことを整理してみてください。冷静に対応すれば、うまく伝えられると思いますよ。お互いの理解が深まれば、よい関係を築けるでしょう。

上司を恐れて行動を起こさないのでは、何も変えることはできません。アドラーがいうように、**人は一人一人対等**であり、あなたと上司の関係ももちろん同じです。冷静に話し合うことができれば、きっと理解してもらえると思いますよ。

相談2

# 嫌な誘いを断れない

Fさん
（28歳・女性）

**会社の昼休みは、女性社員でそろってランチに行くことが多いのですが、そこでの会話が、会社の人たちのうわさ話ばかりです。私はその会話が好きではありません。いっしょにいたくないのですが、自分がいないと、自分のことを悪く言われてしまうのではないかと心配になります。無理につき合っていますが、本当は断りたいのです。どうしたらよいでしょうか。**

**先生**　うわさ話をするのが好きではないし、そのグループそのものも好きではないのですね。

**Fさん**　はい。おもしろくない会話に、無理につき合っているのは疲れます。昼休みくらい一人になりたいという気持ちも、強いのかもしれません。

**先生**　なるほど。それなのに断ることはできないのですか。

**Fさん**　はい。断ったことで、グループの人たちに不快に思われたら嫌ですし、いきなり断るのもむずかしいというか…。

**先生**　確かに言い方は考えたほうがいいですね。たとえば、今日は書店に行くからとか、買い物があるのでとか、それくらいのウソならついてもいいと思いますよ。

**Fさん**　そうですねえ。でも断るのに罪悪感があるんですけど。

**先生**　罪悪感を感じることはありませんよ。それにあなたの人生の主役はあなたです。あなたが主体的につき合いを決めればいいと思いますよ。

**Fさん**　でも、いっしょにいないと、自分のうわさ話が始まるかもしれません。

**先生**　そうなって何かまずいことはありますか？

**Fさん**　自分がいないときに、かげでうわさされるのは嫌です…。

**先生**　でもそれは、いっしょにランチを食べていなくても、言われるときは言われるのではありませんか？　それに今だって、あなたがいっしょにいるグループ以外の人に、何か言われているかもしれませんよ。

**Fさん**　そう言われれば確かに…。ほかのグループが話していることまでは知りません。

**先生**　そうです。何を言われていようが、それはあなたにはわからないことですし、あなたには関係ないことですよね。であれば、あなたにできることは、嫌われないようにすることや、うわさをされないようにすることではなく、誠実に生き、誠実に人とつき合うということを自分で意識していくことではないでしょうか。がまんして嫌な人たちとつき合い続けることのほうが不誠実ですからね。

自分にうわさがあったとしても、話題にしてくれるだけありがたい！　くらいに思えれば最高ですね。

一つ、おもしろい法則をお教えしましょう。人間関係には、**2：7：1の相性の法則**

（▼P.157）というのがあります。人というのは、2割の人のことはどんなことをしても好きで、1割の人はどんなことをしても嫌い、残りの7割は、相手の出方次第で好きになるか嫌いになるかが、変わるという法則です。

逆に、人から思われるほうも同じです。2：7：1の割合で、2割の人にはどんなことをしても好かれ、1割の人はどんなことをしても嫌われます。残りの7割は、こちらの出方次第で、好かれるか嫌われるかが、変わります。

Fさん　1割の人には、嫌われてしまうんですか？

先生　そうです。100％人に好かれる人はいません。だれでもこればかりはどうにもならないのです。

Fさん　でも、わたしが好きな人にとっての嫌いな人の1割に、自分が入っていたらつらいですね。

先生　大丈夫です。2：7：1のそれぞれに入る人は、一生固定されているわけではありません。嫌いな人に入っていた人は、好きな人へ移るかもしれません。人の気持ちは、どんどん流れていきますから。

Fさん　流れに任せているだけで変わるものでしょうか。

先生　アドラーのいうように、人の**ライフスタイル**は変わります（▼P.82）。それに伴い他者の見方も変わります。あなたのつき合い方次第で、十分に可能性はあります。自分が好きな人に嫌われているのは悲しいかもしれませんが、そういうときは、その人が自分を嫌いなことを尊重します。心理的に距離を置きましょう。そうすれば相手のあなたへの見方も変わってきます。人が自分をどう思っているかなど、気にしてもしかたがありませんよ。

相談3

# 年下の上司を受け入れられない

Gさん
（35歳・男性）

**中途入社してきた自分より年下の社員が、上司になりました。従おうと思うものの、反感を感じイライラしてしまいます。そんな自分の不愉快さが態度に出ているようで、最近は上司も私に遠慮している気がします。このままでは仕事もやりづらいので、この関係をどうにかできないものかと悩んでいます。**

先生

その上司が年下だから、というだけでイライラしているのでしょうか？

Gさん

それだけではないと思います。実はその人、ぼくより人間関係を築くのがうまくて、悪くいえば、ごますりなところがあると思っています。

それと、ぼく自身が早く昇進したいと思っていたので、正直ねたみもあると思います。同じ立場のときは、よい関係だったのですが、今は指示されるだけでカチンときてしまうのです。

先生

そうですか。でも、上司は上司ですよね。会社員として指示には従わなければならないだろうし、あなたが成果をあげて昇進するためには、よい仕事をしたいですよね。

イライラしていても仕事だけはきちんとする、というふうに、感情と行動を分けて考えられればよいわけですね。

**Gさん** 簡単に割り切れればいいのですが、それがうまくいかないのです。

**先生** イライラの感情が起こるのは、しかたありません。自然と起こる感情を抑えるのはむずかしいことです。

それではあなたに、いい方法を教えますね。あなたに起こる感情に、何か名前をつけてみましょう。たとえば「イライラさん」としましょうか。

**Gさん** 感情を、自分ではないものにするということですか？

**先生** そうです。イライラさんは、年下の上司に指示されると、あなたのところにあらわれるお客さんです。仕事をしたいとき、イライラさんは邪魔ですね。そういうときは、帰っていただくよう頼むのです。

イライラする、などという感情は自然に発生するものですが、コントロールすることはできます。コントロールするためには、感情をお客さんとして擬人化し、自分から切り離して考えるのです。

**Gさん** なるほど。実はそれとはまた別に、周囲の目も気になっているのです。

周りの人から、仕事ができないせいで年下の人に追い越されたと思われてないかな、と思うと恥ずかしくて、いてもたってもいられなくなるときがあります。

**先生** そういった話を、実際にだれかから聞いたのですか？

**Gさん** いえ、聞いてはいません。ぼくの想像です。

**先生** それも、イライラさんと同じように、ネガティブなお客さんですね。

その人にも帰っていただくようにしましょう。

**Gさん** ぼくの邪魔をする人が、たくさんやってきていたんですね。

**先生** そのようですね。うまくいかないときは、人間だれしもそうなるものですよ。

現実的に考えて、上司の部下であることを、今すぐやめられるわけではないのなら、今あなたが与えられた環境を、受け入れるしかないわけです。であれば、これから自分はどうありたいか、何をしたらいいかを考えましょう。あなたの邪魔をする、ネガティブなお客さんとはつき合わないようにするのが、いちばんでしょうね。

**Gさん** では、もしどうしても上司に文句を言いたくなったら、どうしたらいいのでしょうか？

---

**先生** 結果を考えてみることです。上司に向かって文句を言えば、どうなりますか？ 明らかに人間関係は悪くなりますよね。そうすれば仕事も今以上にやりづらくなるでしょう。

文句を言いたいときは、だれもいないところで思いっきり叫んでみるのもいいかもしれませんよ。夕日に向かって叫ぶ！ とか。その勢いでネガティブなお客さんは退散してくれるかもしれませんから。

年下の上司の力になることで、あなたの評価が上がれば、出世にもつながるはずですよ。建設的に考えてみましょう。

相談4

# 同僚にうまく注意できない

Hさん
（女性・30歳）

**同じ課で働いている同僚が、さぼってばかりいます。みんなが残業していても平気で定時に帰ってしまうし、そのせいでわたしたちの仕事の負担が多くなっています。立場的にわたしが注意すると、角が立つのではないかと思うと何と言ったらいいのかわからず、困っています。**

先生　注意するのはよくないと思っているのですね？　それはあなたが上司ではないからということですか？

Hさん　はい、そうです。あくまでも同僚なので、言いづらいですね。

先生　なるほど。ではその人が仲間だとしたらどうでしょう。仲間どうし、たとえば演劇サークルなどで、みんなで練習していたときを想像してみてください。そのなかの一人が、途中で帰ると言ったら、どうしますか？

Hさん　そうですね…。「帰らないで」とか「もうちょっと待ってて」とかお願いすると思います。

先生　はい。仕事でも同じではありませんか？　同僚を仲間だと思い、注意するのではなく、お願いすればいいと思いますよ。

アドラー心理学では、**仲間**はよい人間関係を築くためのキーワードになります。同じ目標を持った、絆で結ばれた人間どうしです。友人関係でいう、いわゆる「仲よし」とは、ちょっと違います。

アドラーにいわせれば、仲間は**勇気づけ**し合える関係でもあります。つらいときも嬉しいときも、いっしょに苦しんだり喜んだりできる間柄です。

その同僚を仲間と見るならば、「もうちょっとやっていってくれると嬉しいなあ」「これ手伝ってくれると助かるんだけど」などといった、お願いすることばが出てくるのではありませんか？

ところで、その同僚が早く帰るのは、本当にさぼっているからですか？　何か事情があるのかもしれませんよ？　聞いてみたことはありますか？

Hさん　聞いたことはないです。確かに、私の思い込みもあるかもしれません。今度聞いてみようと思います。お願いする方法で、効果があるといいんですけど…。

先生　ちょっと待ってください。あげあしをとるようですが、「効果」ということばからは、仲間意識が感じられませんよ。むしろ支配しようとしている感じさえ受けます。

Hさん　ああ、そうですか！　確かに。不用意に使ってしまいました。

**先生**　もちろん、いっしょにがんばってほしいという気持ちを伝えるのですが、こちらの言うことに、従ってほしいと伝えるのは、ちょっと違うのです。

**Hさん**　では、わたしが個人で言うのと、グループを代表して上司が言うのとでは、どちらがよいのでしょうか？

**先生**　仲間意識があれば、どちらの立場でも同じです。最も言いやすい人が言えばいいし、全員同じ立場なら、だれが言ってもかまいません。上司にも仲間意識があるのなら、上司でもよいと思います。

むしろ上司だと、みんなの総意であることも伝わるから、よいかもしれません。

相手に何か言う場合、言うことを聞かせようと、支配しようと思わず、仲間として言いたいことを伝え、お願いする。この気持ちがあれば、大丈夫です。

アドラーもいうように、思っていることは言わなければ伝わりません。ですから、さぼっているかもしれない同僚に、きちんとことばで伝えようというあなたの行動は、とても素晴らしいことです。
同僚に感謝のことばをかければ、**勇気づけ**になり、ますます仲間意識は高まりますよ。

相談5

# 夫が家事を協力してくれない

Iさん
（35歳・女性）

**夫婦共働きなので、お互い帰りが遅い毎日です。わたしは家事を分担してほしいのですが、夫はわたしに任せっきり。もっとやってくれてもいいのに…と思います。わたしばかりがイライラしているようで、ストレスがたまります。**

**先生**　実際に家事のことで、話し合ったことはあるのですか？

**Iさん**　あります。以前はよく家事分担のことで話し合いましたが、けんかになることが多くて。最近では話すこと自体がストレスになるので、自分ががまんすればいいのだと思い、黙っていることが多くなっています。

**先生**　だんなさんは、まったく手伝ってくれないのですか？

**Iさん**　言えばやってくれるのですが、きちんとできていないので、「できていない」と文句を言ったり、「もういい」などと言ってやり直したりしてしまうんです。

**先生**　それでは、だんなさんのやる気は、なくなるかもしれませんね。まさにあなたは、**勇気くじき**（▼P.58）をしているのです。あなたはだんなさんに、どうなってほしいのですか？

**Iさん**　わたしが言わなくても、積極的に家事をやってくれるようになってほしいです。しかも完ぺきに。

**先生**　それ、可能性ありますか？

**Iさん**　おそらくない、と思います。

**先生**　つまり理想のだんなさんと浮気したがっているのですね。でも、そんな人はいないわけですから、現実のだんなさんとうまくいく方法を考えましょう。

わたしは、日本の「察する文化」を現代では排除したほうがよいと思っています。「言わなくてもわかってよ」は、今の時代のコミュニケーションとして無理があります。伝えるにはちゃんと話し合わないとダメなのです。

**Iさん**　そうですね…。ここのところコミュニケーションそのものがなくなっていますから…。でも、家事をやってほしいと言えば、またけんかになりそうです。なんと切り出せばいいのでしょうか。

**先生**　男性は、お願いされると弱いものなのです。「お願い、手伝ってくれる？」という感じで言ってみてはどうでしょう。怒るのではなく、お願いするのです。それと、だんなさんをやる気にさせる、**魔法の三つのことば**を使うのです。

**Iさん**　魔法のことばというのがあるのですか？　どんなことばでしょうか？

**先生**　「ありがとう」「うれしい」「助かる」の三つのことばです。これはアドラー心理学での**勇気づけ**を行うための基本ワードです（▼P.168）。

Iさん　そういえば、そんなことば、夫に対してずっと言っていなかった気がします。

先生　言われたらうれしいものです。また手伝いたくなってしまうこと、請け合いですよ。

たとえばお皿を洗ってくれたときは、ちょっと変化させて「おかげでお皿がとってもきれいになったわ。うれしい！」とか、「あっという間に終わったわね、さすが！　ありがとう！」という感じでもよいでしょう。

まだちょっと汚れていたとしても怒ってはダメですよ。怒りを人にぶつけるということは、怒りでその人を支配しようとしているのです（▼P.96）。**怒りの感情は伝えるだけで十分です**。「私は今怒っているの」と。

わたしがたいへんなことくらい、わかってほしい！　と、察することを強要することも、支配といえます。こちらが、言われなくても察してあげるのは美徳です。でも察してほしいと相手に望むのは身勝手です。

わかってほしいことは、はっきり口で言うようにしましょう。

Iさん　わかりました。今日からさっそく、言い方に気をつけてコミュニケーションをとってみるようにしたいと思います。

先生　魔法の三つのことばを使うことと、怒りはことばで伝えること、これに留意してくださいね。

ありがとう！
うれしい！
助かる！

休み時間 アドラーの人柄がわかるエピソード

# 父親としてのアドラーと最期

家事や育児のほとんどをライザに任せきりではありましたが、
三人の子どもたちには、尊敬される父親でした。
たくさんの人に愛され、また精力的に働き続けた
アドラーの最期は、どのようなものだったのでしょうか。

## 娘を心配して眠れない日々

ハンガリー人ジャーナリストと結婚したアドラーの長女ヴァリは、モスクワへ移住していました。

ある日、ヴァリが拉致《らち》・投獄《とうごく》されたという情報が入り、音信不通になってしまいます。アドラーは、心配のあまり不眠が続き、食事ものどを通らない日が続きました。これは、アドラーの死を早めた要因の一つともいわれています。

## 子どもの自由を尊重し、勇気づけた

次女のアレクサンドラは数学が苦手でしたが、アドラーの勇気づけにより、数学が得意になりました。

また、アドラーの仲間との議論に10歳のアレクサンドラが参加することもありました。子どもを対等な立場として尊重していたのです。

## 散歩に出た朝、突然訪れた死

翌日の講演のために、ホテルに宿泊していたアドラーは、5月28日の朝、散歩の最中に心臓発作を起こして倒れ、救急車で搬送中に死亡しました。

67歳で亡くなったアドラーの死は、世界中に報道されました。

# 5限
# 習慣づけで幸せな人生を手に入れる

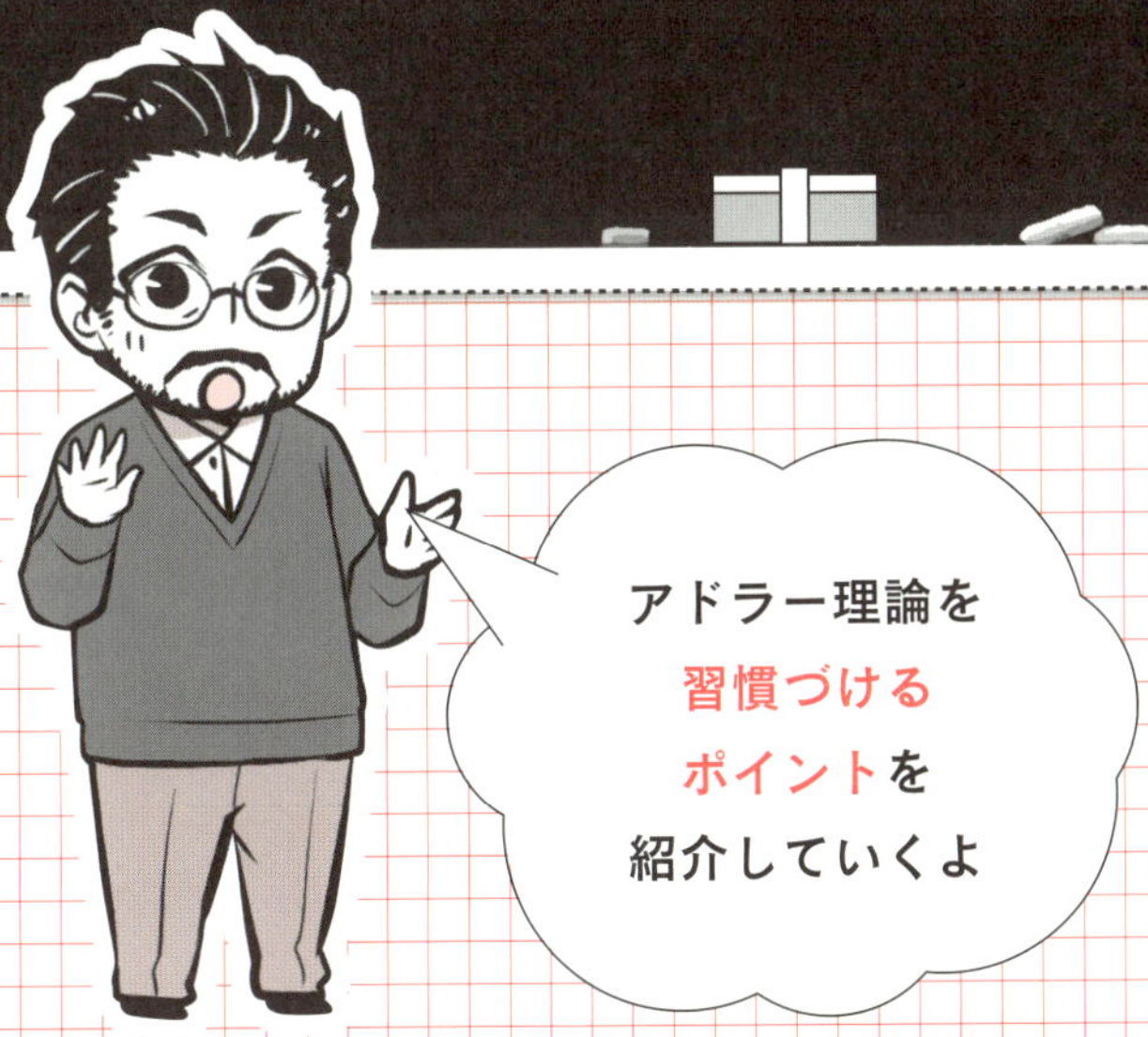
アドラー理論を
習慣づける
ポイントを
紹介していくよ

アドラー心理学マンガ

# アドラーの考え方を習慣づけるには？

人との出会いはずっと続きます
幸せに生きたいのであればアドラー心理学が自分の生活に定着するよう心がけましょう
きょうだい
学校
就職
結婚
家庭
具体的には？
たとえばえーっと…
あっ
スルッ
バシャン…
あわわどうしよう
大丈夫ですか？洋服にかかってませんか
ぐあああ
やっぱりぼくは何をやってもダメなんだあ！
落ち着いてくださいうじうじくん

この失敗から外在化（▼P.240）を学びましょう
え？
自分がダメだなーと思ったとき、それを悪魔のささやきと思うのです
また失敗したぞ！
いつも人に迷惑をかけてばかりだ
つまりよくない部分を客観視するクセをつけるんです
あ、こいつか
なんかいる…
そうそうお上手
逆に天使も出せますよ
ポワン
次は気をつければいいんだ
大丈夫だれも気にしないよ！
おぉっ

← さあ、習慣づけの方法を学んでいこう！

習慣を変える①

# 習慣は必ず変えられる

## 習慣の意味を考えてみよう

「勇気づけ」「目的思考」「劣等感をバネに」…。これまでいろいろなアドラー心理学の考え方を紹介してきました。あとは実践しながら、身につけていきましょう。

しかし、頭ではわかっていても、これまでの習慣がしみついているため、なかなか行動と結びつけられない、と思うかもしれません。

では、**習慣**とは何でしょう。

たとえば、目玉焼きに何をかけて食べますか？　と尋ねれば、ソース、しょう油、塩こしょうなど、答えが分かれると思います。これらは、無意識的に長年何気なく続けてきたことではないでしょうか。それが習慣です。

意識しなければ変わらないことかもしれませんが、変えようと意識すれば容易に変えられることだと思いませんか？

## 習慣もライフスタイル

「繰り返してきたことによって形成された、パターン化された考えや感情に基づいた行動」。心理学では、これを**性格**（Character）と呼び、変わりにくいものとしています。

しかしアドラーは、性格に〝信念〟の意味を加え、**ライフスタイル**（▼P.54）と呼びました。ライフスタイルを決めるのも、自分の意志によると考え、ライフスタイルは変えられるものだ

悪い習慣の
代わりに
新たな習慣を
身につけます

心理学用語 **【習慣】** 自分の行動のうち、特定の状況で生じて、時間が経つうちに反射的な行動となって、自分の動機づけや認知の影響を受けなくなり、無意識で行動するもの。

としたのです。ライフスタイルが変えられるのなら、それに基づく習慣も変えられる。それがアドラー心理学の考え方です。**あなたがやめたいと思う習慣を、きっぱりやめることは可能です。**そして、よい習慣を身につけることもできます。ただしすぐにはできないかもしれません。要はできると信じて実行・継続することです。繰り返し行えば、必ずそれが〝新たな習慣〟になります。

では、習慣を変えて、よりよい人間関係を築いていくには、どうすればよいのでしょうか。次ページから見ていきましょう。

## 習慣は必ず変わる

同僚が何かを話しているのを見ると
あいつ失敗多いよな
あいつうざいよな
自分のうわさ話をしていると思い込んでしまう
自分の思い込みだから気にしない
こんな習慣は自分の意志で変えられます

自分勝手な思い込みが習慣化している場合、常識的にありえないことが意識できれば、習慣を断ち切れます。

心理学用語 **【態度と信念】** 態度とは人やもの、集団に対する、好き嫌いなど主観的な評価のこと。ある態度を持つことに価値を感じることを信念と呼びます。

習慣を変える ❷

# パターン化から脱却する

## 習慣を自覚する

習慣的な行動は日常生活のなかでさりげなく、そして心地よく行われています。無自覚であることが多いので、まず**習慣**に目を向けて、意識し始めることからやってみましょう。

たとえば「夜寝る前にお酒を飲む」という習慣があるとします。これは、生活のなかで**パターン化**されていて、意識することなく、さりげなく、心地よく行われています。

しかし出張へ行ったとき、ホテルにお酒がないことに気づき、めんどうな思いをして外に買いに出ました。このとき、夜寝る前にお酒がほしくならなければよいのに、と思いました。

やってしまいそうな習慣は「だから」で変えよう

心地よさがなくなったことで、寝る前にお酒を飲むという習慣が自覚できたのです。

## 「でも」ではなく「だから」と思う

習慣を自覚したら、考え方を変えます。

「寝る前にお酒がほしくならないようになりたい。でも飲みたい」。これが習慣化されているときの思考です。

この「**でも**」と思うことをやめるのです。代わりに「**だから**」と思います。

「寝る前にお酒がほしくならないようになりたい。**だから**飲まない」。こう考えて実行するのです。

「やめよう」「変えよう」と決意した習慣に対し

心理学用語 **【習慣依存】** 日常生活のなかで習慣化し、その行動がないと落ち着かなくなるクセ。タバコへの依存も、ニコチンの依存性のほかに、習慣依存が原因とみられていますて、やってしまいそうになったことにまず気づく。そして「でも」と思わない。「だから」と思う。これがコツです。

そうすれば、パターン化した習慣から脱却する足がかりになります。

人間関係の例はわかりにくいので、ここでは単純な日常の生活習慣を例にしましたが、同様に、自身の人間関係に当てはめて考えて、実践してみましょう。

## 習慣を変えてみよう

まず変えたい習慣を自覚し、変えようと決意することが大事です。「やってしまいそうになる」瞬間を捕まえて、自分のクセを止めるのです。

### 1 習慣を自覚する

習慣やクセは無意識の行動が多く、自覚しにくいものですが、相手の表情や態度から読み取るという方法もあります。

ガオー！
怒るとすぐにどなるよね

### 2 「でも…」を自覚

自分の行動をことばで解説し「でも…」の部分を自覚します。その部分が悪い習慣です。

どなっても解決しないでもどなりたい

### 3 「だから…」を意識

やってしまいそうな瞬間に気づき、悪い習慣を止めます。

どなっても解決しないだからどならない

心理学用語 **【カチッサー効果】** ある働きかけに、深く考えずに行動を起こしてしまう心理現象。理由が不自然でも「〜なので」と理由をつけ足すとお願いが承諾されやすくなります。

習慣を変える③

# 習慣づけまでの三段階

## ぎくしゃくした行動も必ず習慣に

さりげなく、心地よくできる行動であると述べたとおり（▶P.220）、無自覚に苦労せずにやれてしまうのが、**習慣**です。

そんな習慣を変えようとしたとき、最初のうちは、すんなりとこなせないのがふつうです。心地よさはなく、ぎくしゃくした行動になるかもしれません。

たとえば、「仕事の仲間にダメ出しをせず、感謝のことばを伝えるようにしよう」と決めたとします。でも、最初のうちは、ことばを言いかけて口をつぐんだり、間の悪いタイミングで言ったりしてしまう場合もあるでしょう。この段階では、相手に感謝の気持ちは伝わらないかもしれません。

しかしそこであきらめてはいけません。続けていけば、やがてなめらかに、よいタイミングで話せるようになるでしょう。気持ちはしっかり伝わります。

ここまでくれば、新しい行動を習慣化できたことになります。

習慣を変える
決断をして、
実行して、
継続しよう

## 決断→実行→継続

習慣が身につくまでの実践方法は、まず決断すること。そして実際にやること。さらにそれを継続することです。

たとえば「仕事をしながらお菓子を食べるこ

心理学用語 **【場の理論】** 人は個人の意志や要求だけでなく、その人が置かれた場所に影響を受けて行動するという説。

とはやめよう！」。これが**決断**。習慣への第一歩です。次に、実際にお菓子を食べない。これが**実行**です。心地よくないかもしれませんが、続けます。これは**継続**です。

この延長線上に、お菓子を食べなくても、心地よくさりげなく仕事ができる習慣ができあがるのです。

このように、行動や考え方の、直したいと思っている悪い習慣も、こうありたいと思う、よい習慣に変えることができます。

たとえ最初はうまくいかなくても、まだ初期の段階なのだと思い、継続していきましょう。

## 新たな習慣になじむまで

悪癖は短時間では直りません。継続は力なり。強い決断力と手を替え品を替えて継続する実行力がポイントです。

心理学用語 **【フィーリンググッド効果】** 心地のよい環境が、対人関係にもよい影響を与える現象。たとえば快適な室温や、よい香りでも好感度を上げる効果があります。

習慣を変える ④

# 自分を記録し自分を勇気づける

## 自分の習慣を客観的に知る

自分を変えたいと思っても、自分の考え方のどこがポイントか、わからないこともあるでしょう。自分の習慣、人間関係の考え方のクセを知るには、自分の行動を記録してみるとよいでしょう。

その日の人間関係を、文章に書いてみます。自分が何を言って、どうしたか、相手が何を言ってどうしたか。メモでもふきだしつきの絵でもよいでしょう。嫌なことがあった日だけでなく、比較的うまくいった日も書き続けます。ただあまり深刻にならず、あくまでも客観的に正直に書くようにします。これを続けると、自分のパターンがだんだん見えてくるでしょう。

## 記録しながら勇気づけ

そして、自分を記録することで、自分を勇気づけることができます。

自分の人間関係を記録すると、ついつい反省したり落ち込んだりしてしまいます。でもそうではなく、そのとき自分で工夫したことや、できたこともちゃんと書くのです。そして、よくやったなと自分に言ってみましょう。

**自分で自分をほめる**のです。相手をほめることは、必ずしもよいことではない（▶P.166）と述べましたが、自分のことは、いくらほめても大丈夫です。

自分で自分をほめるのが効果的なんだ

心理学用語 **【教訓帰納】**「この経験から何を学んだのか」を自分自身で確認し、次の課題に生かすこと。

## 日記で自分のライフスタイルを知る

自分の習慣や人間関係に関するクセは、日記をつければわかります。なるべく客観的に簡潔に書いて、書き続けることがポイントです。

### 1 メモ日記をつける

日記帳などに対人関係に関する具体的な行動を記録します。何もなかった日でも実行したことは必ず書くように心がけ、日記を習慣づけます。

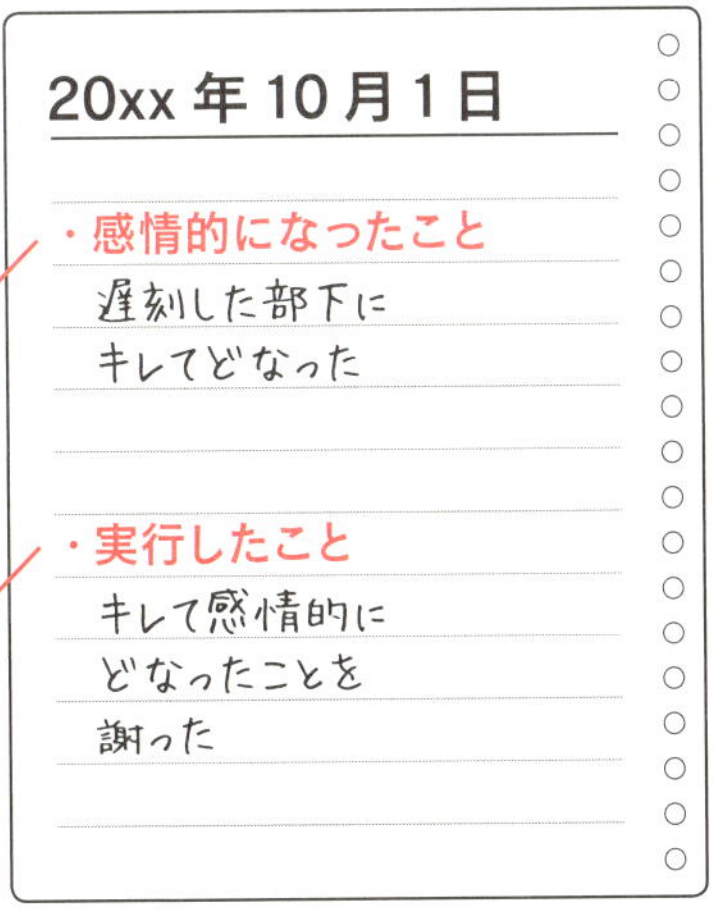
20xx 年 10 月 1 日
・感情的になったこと
遅刻した部下に
キレてどなった
・実行したこと
キレて感情的に
どなったことを
謝った

感情の動きを具体的に書いて、人間関係のどこに問題があるかのヒントに。

自分のこと、相手の対応をそれぞれ具体的に書きます。短くて OK。

### 2 あとで読み返す

日記を読み返すと、自分のパターンと人間関係の問題がわかります。反省しすぎないように注意して、悪い習慣をよい習慣に変えていきましょう。

おれ短気だな
DIARY
返事が
おそいので

### 3 自分を勇気づける

実行したことを読み返して、自分の長所をほめましょう。自分を勇気づけるのがうまくなれば、他人の評価は気にならなくなり、さらに他人を勇気づけることもうまくなるでしょう。

やれるぞ自分!!

心理学用語 **【没個性化】** 集団に埋没しアイデンティティを失うこと。本来なら行動を抑制するはずの羞恥心や恐怖感などが機能せず、周囲の行動に感染しやすくなります。

習慣を変える ⑤

# 私的論理に支配されない習慣づけ

## 完全に客観視はできないことを知る

人はだれでも、起こったできごとに対して、完全に客観視することはできません。自分固有の意識のフィルター（色眼鏡）を通した**私的論理**で見ているからです。

しかし、それに気づいていることは大切です。自分が私的論理で見ていることを自覚するよう、習慣づけておきましょう。というのは、私的論理は、つい**決めつけ**や**誇張**、**過度の一般化**を招いてしまうからです。

## 自分の私的論理に気づいておく

一回仕事をミスしただけで、「自分はこの仕事が苦手だ」などと思うことを**決めつけ**といいます。一回や二回の事例で結論を出すことは、客観的に考えれば無理です。でも私的論理で見てしまうと、決めつけて結論を出してしまい、自分自身を落ち込ませてしまうのです。

また、会議で数人から反発を受けたとき、「だれも自分を理解しない」「自分はみんなから不要と思われている」と大げさに考えてしまうことが**誇張**です。「だれも」でも「みんな」でもあるはずがありません。

**過度の一般化**とは、たとえば仕事で失敗したとき、自分は何をやってもダメな人間だと、仕事以外のことにも当てはめて考えてしまうことです。

私的論理で見ていることを自覚しよう

心理学用語 **【初頭効果】** ある人について最初に得られた印象は、その人に関する後の印象や評価に大きな影響を持つこと。印象形成を研究した心理学者アッシュが発見しました。

このように、私的論理に任せておくと、危険領域に自分を運ばれてしまうことがあります。自分自身のなかにワナのような領域があるのです。まずは「人は私的論理に支配されやすいのだということを忘れないようにする」習慣をつけましょう。

私的論理を修正する方法は、次のページで紹介します。

## 私的論理が導く五つの誤り

自分や他人を悪く見るパターンは以下の五つに分けられます。

我々は私的論理という
フィルター越しにものごとを見ている

**見落とし**
九割成功した案件で一割の失敗を責めるような、ある一部分だけを見て、大事な部分を見ないこと。

**誇張**
「みんな自分が嫌いなんだ」など、一のものをまるで十のように扱うこと。

**決めつけ**
「あいつは使えない」など可能性に過ぎないことにレッテルを貼って断定すること。

**過度の一般化**
ある社員の失敗を会社全体の失敗とみなすなど、一つの問題を一般化し、多くのケースに当てはめようとすること。

**誤った価値観**
「こんな初歩的なミスをする自分は会社をやめるべき」など、自滅的、破壊的な視点でものごとを見ること。

心理学用語 【ラベリング理論】 たとえば「ダメな人」など、ある行動の特徴をあらわすレッテルは、それを貼られた人の行動に影響を与えるという理論。

習慣を変える⑥

# 私的論理を脱して人づき合いする習慣

## 共通感覚を得て私的論理から逃れる

前ページでは、私的論理に気づくことの大切さを述べました。私的論理で自分を悪く見ると、とことん落ち込んでいってしまう場合があるからです。

私的論理と対になるものが**共通感覚**（コモンセンス▼P.108）です。私的論理からのがれる方法は、他者の目で見、他者の耳で聞き、他者の心で感じ、共通感覚を得ることです。それには、どうしたらよいでしょうか。

## 共通感覚へと発想を変えるコツ

自分を危険へと誘《いざな》う私的論理には決めつけ、誇張、過度の一般化があります（▼P.227）。この論理によく使われることばに、「みんな」「全然」「一つも〜ない」などがあります。つまりオール or ナッシングのことばです。

この**私的論理のことば**を自分が使っていないかどうか、日頃から気をつけていましょう。使ったことにすぐに気づけば、深く落ち込まないうちに自分を救うことができます。

私的論理のことばに気づいたら、「本当にそうか」と自分に尋ねます。そして、相手が何を考え、何を見ているのか客観視してみます。そうすれば、事態は最初に感じたほど深刻ではないことに気づくはずです。それがわかったら、建設的な方向に、自分を勇気づけていきましょう。

私的論理のことばと
気づいたら
他者の視点で
客観視しましょう

心理学用語 **【悪意のマインドリーディング】** 他者の心理を悪い方向に思い込むこと。対立した他者にバカにされたと思い込むと、関係がますます悪化してしまいます。

## 自分の決めつけに気づく

私的論理で自分や他人を悪く見る、勇気くじきに気をつけます。共通感覚を働かせて相手を尊重し、対人関係を建設的な方向へ導きましょう。

### ①私的論理を除く共通感覚

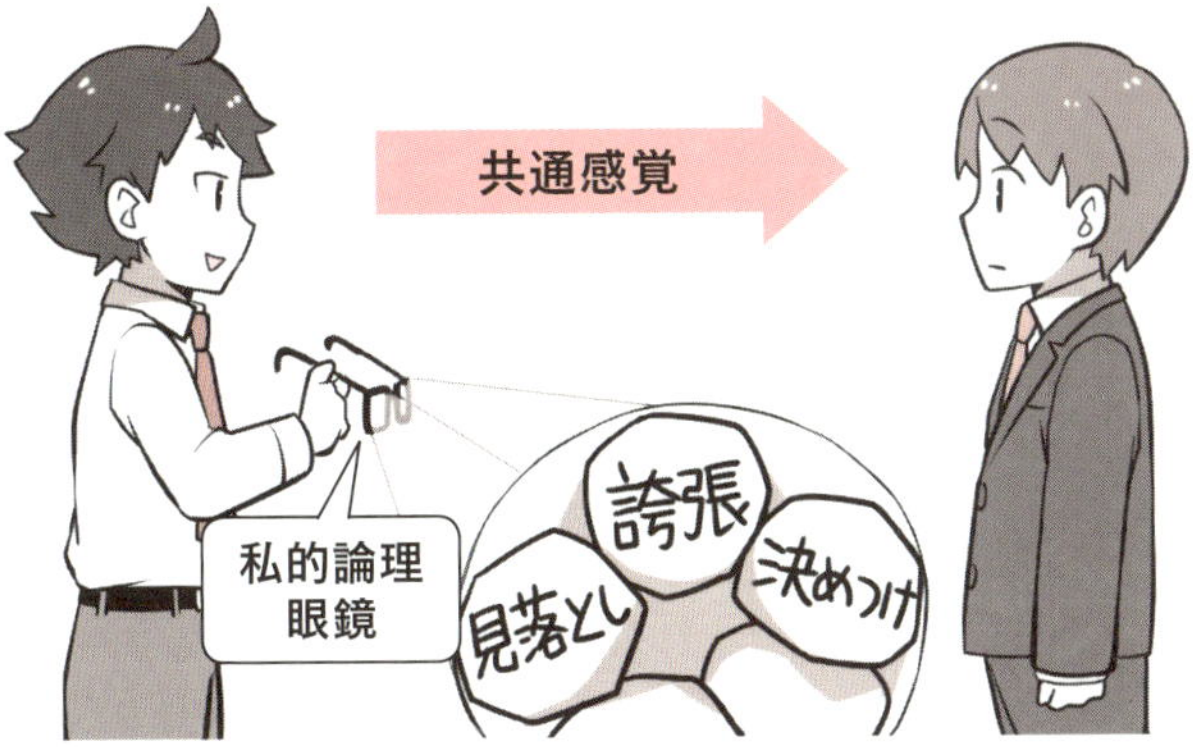


自分の色眼鏡、つまり私的論理を自覚すること。そして、他人を尊重することが共通感覚の第一歩となります。そして対話のなかで、下の❷の私的論理のことばを使っていないか意識します。

### ②私的論理のことばの例

「お前って使えないやつだからな」（決めつけ）

「みんなお前を才能ないと思ってるよ」（誇張）

「お前、営業成績優秀だけど遅刻多いよね。尊敬できないな」（見落とし）

「そんなだらしないやつは人間性も疑うね」（過度の一般化）

「俺なら一度遅刻したら、恥ずかしくて会社やめるよ」（誤った価値観）

私的論理のことばは自分や他者の勇気をくじくことばです。対人関係を悪くすることばなので、もし使ってしまったら、「本当にそうか」と自問し、誤りを自覚しましょう。

心理学用語 【セルフ・モニタリング】 他者から自分がどう見られているのかを分析し、現在の状況に応じて、自分の行動を調整する能力。

習慣を変える⑦

# 共通感覚を養う習慣づけ

## 相手の観点からものごとを見る

**共通感覚**（コモンセンス▼P.228）は、相手との共同目標に向かうためにも、大切な感覚です。相手と一体の感情を持ち、共通感覚を身につけるには、どうしたらよいでしょう。

**共通感覚**と**同情**は違います（▼P.108）。相手と一体の感情を持つには、感情や同情に流されず、相手を信頼・尊敬して見ることです。それには、ものごとを私的論理で見るのではなく、相手の立場や観点から見ればよいのです。

たとえば、たくさんの仕事に追われて困っている部下がいるとします。それに対して、「部下の仕事を、代わりにやってやろう」と思うことはありませんか？

これは一見、相手と一体の感情を持ったように見えるかもしれません。しかしそこには、同情や「おまえではダメだからやってやる」といった気持ちがないでしょうか。これが**私的論理**です。しかも代わりに仕事をしてしまったら、部下は育ちません。

そうではなく、相手の目的に立ち返り、「部下が時間内に仕事を終わらせる方法」を考えます。これが相手の観点からものごとを見ることです。

## 一歩引いて全体を見る

相手の観点からものごとを見るには、一歩引

一歩引いた視点で客観視する習慣をつけるんだ

心理学用語 **【同一化願望】** 自分が周囲の人たちに同調したいという気持ち。逆に他者とは異なる特別な存在でありたいという気持ちは差別化願望と呼びます。

いて全体を見るようにするとよいでしょう。

先例でいえば、つい「仕事を片づける」ことにフォーカスを当てがちですが、そこで一歩引いて、部下の目的を考えます。

すると、部下が困っているのは、仕事ができないことではなく、時間内に終わらせるにはどうしたらいいか、であることに気づきます。これが**一体の感情**です。

部下に効率化を図る助言をしたり、一緒に能率を上げるシステムを考えたりすることが、自分と相手の間で**共同目標**を設け、**共通感覚**を持つことになります。

要は、自分、相手、場合によっては会社と、視点を増やしてみることです。一歩引いて客観的に見比べることで、共感力は育ちます。

そうはいっても、ふと同情へとブレてしまうこともあります。その瞬間を感じたら一歩引く。そう心がけましょう。

## 共感を育てる二つのポイント

私的論理で見ていないかを常に意識すること、一歩引いた視点を持つことがポイントになります。

### ❶ 私的論理を意識する

気持ちは変わりやすく、気をつけていても相手と同情で接してしまうもの。私的論理で同情していないかを常に意識し、その瞬間を感じたら、一歩引くよう心がけます。

### ❷ 一歩引いた視点で

自分の視点、相手の視点でそれぞれの立場を客観視して共通目標を見つけましょう。会社の視点などの視点を増やすことで、より共感力は育ちます。

「代わろうか」
では同情っぽい
かな？

**心理学用語**
**【動作学】** 身振り手振りや姿勢、目の動きなど、意図を伝えるときの体の動きによってあらわされる要素の役割や意味を研究する学問。

習慣を変える ❽

# 過剰な親切では対人関係も悪化

## 過剰な親切はしない

人のために無理をしてしまう便利屋さん、いわゆる**いい人**はやめようという話をしました（▶P.100）。人が喜ぶのを嬉しく思うことは自然ですし、親切にすることはよいことです。でも、そのために自分がつらい思いをするのでは本末転倒ですよね。

ではどうするか。まず自分の**過剰な親切**に気づくことです。

たとえば、「今日の会合、わたしの代わりに引き受けてくれない？」と先輩に頼まれました。自分にも別の用件がありますが、先輩の懇願する顔を見て、「何とかしたい」と考えます。その結果、自分の仕事相手に変更をお願いし、想定外の苦労を背負いこんでしまいました。

これが**過剰な親切**です。仮に断っても、先輩は大して気を悪くしなかったろうし、実際苦労に見合うほど先輩は喜んでくれないはずです。

## 断ることを迷わない

過剰な親切をしそうになったら、「でも」から離れ、迷わず、きっぱり断りましょう。断る勇気を発揮させます。自分に考えるひまを与えないように心がければ大丈夫です。

「今日は私もダメなんです。代わってさし上げたいけれどすみません！」

正直に堂々と断れば、それでいいのです。

自分が
つらくなる
ほどの親切は
やめるべき

心理学用語 **【印象操作】** 他者が自分をどのように認知するのかコントロールしようとする行動。たとえば他者への印象をよくするため、服装、表情など好ましい自分を演出すること。

## 過剰な親切では対人関係も悪化

おーい荷物運び手伝えよ!
こんなとき…
えーー!(忙しいのに!)
YES!
俺の仕事はあとまわしだ
そーか!助かるよ
仕事が終わらない…先輩がにくい…
過剰な親切は自分をつらくします
忙しいのです。時間かかりますか?
2時間くらい
忙しいとこ悪かったな
正直にきっぱり断ればよいのです
じゃあ無理です!
スミマセンッ

良好な人間関係には、きちんと自分の主張を行うことも大切。いい人でいるとノーと言えなくなり、それが対人関係のストレスとなります。断る習慣を身につけましょう。

心理学用語 **【自己高揚動機】** 自分自身をよく思ったり、他者に評価されたいとの願望。自己高揚は成功に向けて行動する形や、好都合なようにできごとを曲げて考える形をとります。

習慣を変える⑨

# 加算法《かさんほう》で相手を勇気づける習慣づけ

減算法で
相手を判断する
のはやめよう

## 仲間だからこそ、加算法

　いい人をやめたからといって、仲間から外されるわけではありません。仲間と共同の目標を持つことや、それに向けてお互いが、勇気づけをし合うことは大切なことです。**相手への勇気づけを習慣として行いたいですね。**

　相手への勇気づけを習慣化するために、人を**減算法**《げんさんほう》で見ないこと、があげられます。

「頼んだ仕事を、まだ半分しかしていない」

　これは、全部できている状態を満点とし、そこから減点していく見方、減算法です。私的論理に立つと、つい減算法で見がちです。勝手に相手への期待をつくり上げ、そこに足りない部分を、欠点と見てしまうのです。

　そうではなく、**仲間を加算法で見るようにしましょう。**0点から始めて、相手のよいところを見つけたら、加点していくのです。

「頼んだ仕事を、もう半分やってくれた」

　こう考えれば、自然に、「ありがとう。あと半分だね！」と、勇気づけのことばも出てくるものです。

　私的論理から、相手の立場へ視点を変えると、相手に感謝する気持ちが出てきます。

## プロセスを大切に考えよう

　仕事や学習などは、結果を見るのではなく、結果に至るまでの過程を見るようにしましょ

心理学用語　【誘因価《ゆういんか》】 個人の生活場所における人物、できごとに対する主観的な価値づけ。人を引きつけるものはポジティブ価、不快にさせるものはネガティブ価と呼びます。

う。そうすれば加算法で見ることができます。どのくらい努力をしたのか、どこがよかったのかを評価し、加算するのです。

そして課題が見えたとき、今後どのような点に気をつけていけばよいのか、一緒に考えます。

仕事も家庭も、みんながともに協力し合うからこそ、成り立っていくのです。

仲間意識を持ち、目標に向かって努力していくとき、相手のできたことを常に認めることで、勇気づけの習慣ができます。

## 過程を評価し目標を共有

相手を勇気づけ、仲間意識が持てれば、対人関係は良好になります。加算法で相手を見る習慣をつけましょう。

**加算法** 過程を見て、努力した点などを指摘すれば、課題・目標の共有・仲間意識が生まれます。

目標
このアプローチはよかったよ
もう半分できたね！
ミスはこの先取り返そう

**減算法** 欠点の羅列は相手の勇気をくじくため、仲間意識や目標の共有は生まれにくくなります。

目標
やり方よくても結果出てないじゃん
まだ半分しかできてないの？
このミスをしなきゃもっと早くできたのに！

心理学用語 **【対人能力】** 他者とスムーズに関係を築けるかどうか。対人能力が高い人は困難にあったときに他者の援助を受けることができるので、困難を乗り越えやすくなります。

習慣を変える⑩

# 苦手な相手を調査する習慣

## 相手との共通感覚を目指す

人づき合いをしていると、自分との価値観の違いを感じることがあります。その違和感が重なると、いつのまにか苦手意識が生まれてしまうもの。すると、相手からも苦手な人だと思われがちです。

これはつまらないことです。過去の記憶からくる苦手意識（▼P.104）とは違って、解消することができるからです。

こんなときこそ**共通感覚**（▼P.108）を働かせましょう。相手と一体の感情を持つことができれば、苦手意識は薄れていくはずです。

では、どんな形で相手と一体の感情を得ればよいのでしょうか。それには、相手を調査研究してよく知ることです。

## 共通の話題で苦手意識を克服

苦手意識が出ちゃったなと思ったら、思い切って、相手の趣味、好きなこと、嫌いなこと、出身地や家族構成などを聞いてみるのは効果的です。その会話のなかで、自分も興味を持っていること、盛り上がりそうな共通の話題が見つかるかもしれません。

そこまでいかなくても、相手の人となりがよくわかれば、相手との距離を縮めるきっかけが得られるでしょう。価値観が違うといっても、正反対であることはまれですから。

相手と会う前に
話題の準備を
しておくことを
オススメします

心理学用語 【警戒仮説】 嫌いな人は自分が不快になる可能性が高く、それを防ぐために相手をよく認識する心理が働きます。すると嫌いな人の特徴をよく知ることになります。

しかし初対面どうしの会話のなかでは、そのような話題を探すのも難しいでしょう。そんなときは、知り合いなどを通して、相手のことを教えてもらうのも一つの手段です。

そして会う前に、どのような話を、どんなスタンスで話したらいいかを決めておくのです。

そうすれば、相手との会話を円滑に進めることができるでしょう。

ポイントは、なるべく多くのことに興味をもち、人と会う前には、話題の準備をしておくことです。これは、苦手であるなしに関わらず、人間関係で大切なことといえるでしょう。

## 他者との距離の縮め方

距離を縮めるには共通の話題を探します
はじめまして！何を注文しますか？ぼくは抹茶味が好きで
人と会う前に話題を用意し…
ふむ
話題リスト
スイーツ好きらしい
スポーツ好きらしい
ふむ
会話が円滑になるでしょう
そうそう、ここの抹茶アイス食べました？
うまいよ、オススメ

自分と相手との価値観のずれが、苦手意識を生むことも。対話を重ねて相手を知り、一体の感情を持つことを目指します。

心理学用語　**【プロクシミクス】**　相手との距離の取り方は密接距離（家族など）、個人距離（友人など）、社会距離（仕事の同僚）、公衆距離（他人）など四つの距離に分けられます。

習慣を変える⑪

# 人の長所を見つける習慣づけ

苦手な相手でも
肯定できる
部分はあるはず

## 自分の価値観は絶対ではない

今、あなたの周りには、相性のよい人、そうでもない人、苦手な人、いろいろいるのではないでしょうか。そんな人たちとうまくやっていこうとするとき、心に留めておきたい習慣づけがあります。

それは、**自分の価値観は絶対ではないと知ること**です。

あなたと相性がよいと感じている人でも、テレビタレントの話をすると、とらえ方や好き嫌いが大きく異なっていた、などという経験はありませんか。それはすでに述べてきたように、人がそれぞれ、別々の価値観を持っている（P.46）からです。

自分の感覚を否定する必要はありませんが、あくまでも人との相性は**主観**であり、絶対的なものではないことを忘れないようにしましょう。

## 相手を肯定すると長所が見える

**短所**は、裏返して見れば**長所**になります。相手の気になるところ、短所に思えるところを、長所に置き換えてみる習慣をつけましょう。人間関係はぐっと楽になります。

それには、**まず相手を肯定すること**です。たとえば高圧的に見える人でも、嫌がらずに肯定すれば、指導力がある人ととらえることができるかもしれません。優柔不断は慎重、頑固

心理学用語 【スリーセット理論】 人は初対面から三回目までにその人の評価や印象を固定してしまうという理論。三回目以降は評価が変わらず、挽回も難しくなるといわれます。

は意志が強いなどです。
このような習慣をつけておくと、不思議と相性が悪いと思っていた人が、そうでもなくなるものです。

長所を見つけることができれば、どうにも苦手な相手でも、長所だけを尊重して、そこを吸収するように、割り切ってつき合うことも可能です。

## 相手の肯定できる部分とつき合う

相性の悪い相手の場合、尊重できる部分を探し、割り切ってつき合います。もし見つからなければ心理的な距離を置きます。

### 1 短所を長所に

自分が気になる相手の短所を長所に読み替えます。相手に対するイライラは薄れるでしょう。

現在地を
確認してから
移動しましょ
慎重だ
地図

### 2 優秀な部分に注目

「仕事の手際がよい」など見習いたい点が見つかれば、尊敬の念が湧いて苦手意識が薄れるかもしれません。

バリバリ働く!
カタカタカタ
カタカタ カタカタ
すごい集中力!
!

### 3 長所がなければ距離を置く

相性の悪い相手と割り切り、心理的に距離を置きます。誠実に対応すれば、時間を経るうち相手の魅力が見えてくるでしょう。

すごい人だが
苦手だ…

心理学用語 **【姿勢反響】** ポジティブな同調の一例で、他者と打ち解けることで信頼関係ができると、仕草や表情が似てくること。

習慣を変える⑫

# 問題を解決する外在化の習慣づけ

## 間違えたところをことばにする

　アドラーの教えは、理解はしても、なかなか一朝一夕には身につかないものです。ときには、つい相手に否定的なことを言ったり、感情的になって怒ったりしてしまうこともあるでしょう。

　しかたありません。まずはミスに気づいたことだけでもよしとしましょう。これから少しずつ変えていけばいいのですから。ミスに気づいたときは、素直にことばにするとよいでしょう。

「いけない、自分勝手に動いてしまった」

「感情的になってしまい、申し訳ない」

　相手の気持ちがやわらぐことはもちろん、自分自身でもミスを具体的に確認することができます。過ぎてしまったミスはことばで整理し、建設的な方向に舵《かじ》をきりましょう。

## 悪い習慣は悪魔のせいに

　けれども、どうにもイライラがおさまらない。感情的になってしまう、ということもあるでしょう。そんな自分を嫌悪して落ち込んでしまうこともあるかもしれません。

　そんなときは、**外在化**の習慣をつけるとよいでしょう。自分がいけないのではなく、自分に働きかけてくる何者かがいけないのだと考えるのです。たとえば、**悪魔**と呼んでもいいかもしれません。

悪い習慣は
悪魔のせいに
してしまおう

心理学用語 **【レジリエンス】** 困難で挑戦的な体験や失敗した体験から回復する力。人はどのような環境で回復力を発揮するのかが心理学や医学で研究されています。

人間は複雑な思考と感情をもっています。そのなかの、バランスをマイナス方向に崩すのが悪魔の仕業なのです。

そう考えると、対抗策も生まれます。**天使**を用意するのです。悪魔が勇気をくじくのであれば、天使に**勇気づけ**をしてもらいましょう。自分の思考と感情の動きを客観視できれば、それをコントロールすることも可能です。

問題を客観視するクセは、アドラー心理学の習慣づけにたいへん有効です。

## 悪魔と天使のささやき

外在化で呼び出した悪魔と天使はどんなふうにささやきかけてくるのでしょうか。

**悪魔のささやき**　勇気くじきのことばを語りかけてきます。甘言に乗らないように注意しましょう。

(ミスしそうなとき)
この仕事をミスったら会社クビだな！

(ダメ出しされたとき)
やっぱりダメじゃん
ダメなやつは何やってもダメ

(あせっているとき)
絶対間に合わないよ
しかも失敗するねー

**天使のささやき**　自分を勇気づけることばを語りかけてくれます。積極的に耳を傾けましょう。

(怒らなかったことに対して)
エライ！　すばらしい
忍耐力を持っているね

(アドラーの教えを実践できたとき)
やったね！　この調子！
また変われたよ！

(ミスしたとき)
大丈夫。きちんと
反省して再チャレンジだ！

心理学用語 **【酸っぱいブドウの理論】** 望みが叶わない場合、都合のいい理論をつくって、理想と欲求のギャップを埋めること。イソップ童話「酸っぱいブドウ」に由来します。

自分を変える習慣①

# 人間関係をよくする五つのポイント

## よい人間関係をつくるには

ここからは、いよいよまとめです。大事なところをふり返り、確認していきましょう。

よい人間関係をつくるには、五つの重要なポイントがあります。それは尊敬、信頼、共感、協力、寛容です。

**尊敬**とは、礼節の心を持って人と接すること。人はみな、尊敬すべき点を持っています。

**信頼**は、相手を無条件で信じ、受け入れることです。相手の善意を探しながら、信じてみましょう。

**共感**とは、相手の立場になって考えられることをいいます。相手の関心事に、興味を持ちましょう。

**協力**は、目標に向けてともに努力すること。相手と一緒に、目標達成や問題解決を図っていきましょう。

**寛容**は、相手を認め、許すこと。自分とは違う価値観も受け入れましょう。それには、尊敬、信頼が大切です。

これら五つは、一つの輪でつながっています。人間関係を良好にするには、どれも欠かすことができないことを知っておきましょう。

## 五つのポイントを習慣にする方法

尊敬、信頼の心を持って相手と接し、相手の立場になって共感する。そして、相手との共通

よい人間関係は
他者を尊敬し
信頼すること
からはじまります

心理学用語 **【人間関係の進展】** ①態度の似た人物どうしが親密になる、②他者からの好意的な評価は、その他者へのお返しとして好意が生じる、③自己開示などの条件があります。

の目標に対して協力し、そのとき、寛容の心を忘れないようにする。

これらの行動を習慣にしていきましょう。

もし人間関係がうまくいかないと感じたら、五つのポイントのうちの、どれかが欠けているはずです（左図を参照）。

欠けているところを変えていく習慣づけを心がけましょう。少しずつでよいから自分を変えることで、相手と良好な人間関係を築くことができるでしょう。

## 人間関係をつくる五つのポイント

五つのうちどれかが欠けたら、それは人間関係の問題となってあらわれます。

**尊敬**
礼節を持って他者と接すること。人それぞれに違いはあっても、みな尊敬すべき点を持っています。

**信頼**
相手の属性がなんであれ、無条件に相手を信じること。常に相手の行動の裏にある善意を探しましょう。

**共感**
他者の関心、考え方、感情、状況に関心を持つことです。他者の目で見て、耳で聞き、心で感じてみましょう。

**協力**
他者を仲間と考えれば、おのずと共通の目標があらわれます。その目標達成や問題解決に一緒に努力することです。

**寛容**
自己犠牲がない程度に他者を認め、許すこと。自分と違う価値観を受け入れ、自分本位でないか省みることも大切。

心理学用語 **【社会的比較理論】** 自分一人では自分は評価できず、他者のなかでもまれたり比べられたりしながら、自分の意見や能力を正しく評価できるようになること。

自分を変える習慣❷

# 自分自身を勇気づける習慣

## 三つの勇気づけポイント

**勇気**とは人間関係上の困難を克服し、乗りこえる力。その力を与えるのが**勇気づけ**です。

自分自身への勇気づけを習慣にしようとするとき、まずは所属感、信頼感、貢献感という三つの感覚を持つことが重要です。

**所属感**とは、自分は居場所を持っているという感覚です。職場や家庭のなかで、自分が存在していることに自信を持ちましょう。

**信頼感**とは、周囲の人を信頼しようとする感覚。

**貢献感**とは、人や職場など、自分が社会の役に立っていると実感する感覚です。

これらが、自分自身への勇気づけの土台です。

## 自分を勇気づける三つの習慣

では、勇気づけのためには、どんなことを習慣にしたらよいでしょう。それは、**断言する**、**イメージする**、**行動する**の三つです。

たとえば、「自分はこの仕事をやりとげる」と、声に出して断言するのです。独り言でかまいません。次に仕事をやりとげるためのシミュレーションを、頭のなかでしっかりイメージします。そして、しっかり仕事をこなします。

このとき、職場、家族、地域などに所属し、周囲と信頼関係があり、貢献している感覚を忘れないようにしましょう。アドラー心理学では、特に貢献感を重視しています。

頭のなかでしっかりとイメージするのがコツ

心理学用語 **【有能感】** 自分が行動して満足する結果を得られたときに感じる「自分はできる」という感覚。内発的動機づけの一つ。

## 自分を勇気づける習慣をつくる

世の中には勇気くじきのことばがあふれているため、自分をポジティブに保つための勇気づけの習慣はとても大切です。下記の手段で問題を乗り越える活力を身につけましょう。

### 自分を勇気づける要素

これらは他者から認めてもらうものではなく、自分で確信するものです。事実はどうあれ、自分の感覚を信じます。

勇気くじき
悪口
勇気のバリアー


**所属感**

「自分はここにいる」と会社、家庭などでしっかり居場所を持つこと。

**信頼感**

相手を尊敬し信頼し、目標が共有されていると、周りとの協力が可能になります。

**貢献感**

自分が世の中の役に立っているという感覚。自分の幸せにつながる大切な要素です。

### 自分をポジティブに保つには

**1 断言する** → **2 イメージする** → **3 行動する**

**1 断言する**

勇気づけを習慣化するには、「自分は他者貢献ができる人間だ」など、自分に向かってポジティブなことばをはっきりと言うことが大切です。このことばが耳や心に残るのです。

企画を通すぞ！


**2 イメージする**

断言した勇気づけのことばは耳や心に残り、問題に対処する際の心の支えに。ネガティブな想像ができないくらい、頭のなかをポジティブな自分に染め上げます。

企画です
いいね！


**3 行動する**

ことばとイメージがポジティブに満ちた状態で、実際に行動します。見切り発車でも構いません。その際、すでに成功したようなことばとイメージを持ち続けます。

よし！がんばろう


心理学用語 **【ソーシャルスキル】** 社会のなかで、人間関係を円滑に進め、いっしょに生きていくために必要な能力。意思決定、問題解決能力、ストレスへの対処などがあげられます。

自分を変える習慣③

# 他者を勇気づける習慣

## 相手を勇気づけて苦手意識をなくす

自分自身への勇気づけができるようになったら、次は他者への勇気づけを習慣づけましょう。他者を勇気づけることができれば、苦手な人が少なくなります。相手を勇気づけることでお互いの関係がよくなるからです。

たとえば、「別の着眼点の指摘に助けられました。ありがとうございました」と、あなたが苦手な相手に勇気づけをしました。すると相手は、「あなたに自分が肯定された」と感じます。

このようなやりとりの積み重ねで、相手はあなたを信用し、安心してつき合える感覚を持つのです。

共同体内部で勇気づけの習慣が広がることが理想なんだ

これが**信頼関係**です。こうなると、少なくとも相手からあなたは、苦手な人ではなくなっているはずです。あなたもいつのまにか、相手への苦手意識が消えているかもしれません。

## 周囲に広がる勇気づけ

さらに勇気づけられて元気になった相手は、周囲を元気にすることができます。元気は周りに伝わるからです。他者を元気にすることは、他者を勇気づけることにつながります。

こうして他者に貢献する人が増え、勇気づけが広がることは、とりもなおさず、**共同体**がうまく運営されていくことになります。共同体の理想の姿です。

心理学用語 **【好意の返報性】** 自分に対して好意を示す相手には、自分も相手に対して好意を持つようになる心理のこと。

他者を勇気づける方法は、これまで述べたとおり、長所を探して伝える、加算主義で見る、結果でなく経過を重視する、失敗を受け入れる、感謝を伝えることでした。

これらを行う習慣をつければ、苦手な人が少なくなり、仕事がうまくいくようになるでしょう。そして周りの職場環境も、きっとよくなるはずです。

## 他者に勇気を伝える五つの方法

他者を勇気づけることで、自分の苦手意識は薄れ、信頼関係が生まれます。他者を元気にできれば、その元気は周囲の人間にも広がり、よりよい共同体を形づくるでしょう。

### ❶ 長所を探して伝える

自分と相手はそれぞれ別の価値観を持っていると自覚し、相手を肯定する見方ができれば、尊重できる長所が見つかるはずです。（▶ P.238）

### ❷ 加算主義で見る

相手との仲間意識を高めるために、勇気を崩す減算法ではなく、相手に感謝し、よいところを見つけていく加算法で相手を見ます。（▶ P.234）

### ❸ プロセスを重視する

作業の結果ではなく過程を見れば、相手を加算法で判断できます。そのなかで作業における共同の課題や目標を見出し、協力関係を築きます。（▶ P.234）

### ❹ 失敗を受け入れる

ミスに対しては、寛容の心を持って、理性的に問題点を洗い出し、協力の姿勢を築きます。ことばはダメ出しよりOK出しを。（▶ P.177）

### ❺ 感謝を伝える

感謝されて腹を立てる人はいません。「ありがとう」「うれしい」「助かるよ」は効果的に相手を勇気づける基本のことば。ただし相手をほめるのは避けましょう。（▶ P.168）

ありがとう
見事な
仕事だ！

心理学用語 **【優越への欲求】** 人は可能性実現のため、卓越した欲求によって動機づけられます。欲求は他者を支配する優越性より、可能性の実現のための衝動として定義されます。

自分を変える習慣④

# 自分の人生に意味を与える

## どんな人生がよい人生？

あなたの人生の意味は何でしょうか？

もし、あなたが死を迎えるとき、「いい人生だった」と思えたら、それはとりもなおさず、あなたにとって意味のある、よい人生だったと言えるでしょう。

今日、仮に死を迎えることになったとしたら、あなたは何を思うでしょうか。大きな目標に向かって前進しているのに、まだやり遂げられていない場合、残念に思うかもしれません。

しかしそうだったとしても、いつ死んでも一応は満足できる、という生き方はあります。それは、**共同体へ貢献する**生き方です。

## 自分らしく共同体に貢献

アドラー心理学では、**共同体への貢献**を重視し、その意義を大切に考えています。貢献することで、世の中の役に立っていることを実感し、自分の存在を確認することができるからです。

具体的には、自分の**ライフタスク**（▼P.56）における職場の人々、友だち、家族との間で**勇気づけ**を行い、共同体を形づくり、貢献することを目指します。

人間は、一人で生きていくことはできません。周りの人から必要とされることに、喜びを感じる動物です。その意味でアドラーは、「共同体への貢献こそが、人生の真の意味」としています。

共同体への
貢献こそが
人生に意味を
与えるんだ

心理学用語 **【社会的自己】** 社会的な人間関係に影響された自己の側面。人は周りの人からの評価を自分のイメージとして受け入れて、そのイメージに合わせた自己を形成します。

「自分は周りに貢献していて、周りから必要とされている」

もし、このように実感しながら日々生活できれば、仮に今日、死を迎えることになったとしても、後悔からやるせない気持ちになることにはならないはずです。

人は必ず死を迎えます。意味のある人生を歩みたいものですね。

## 貢献こそが人生を幸せにする

「自分は周りに貢献していて、周りから必要とされている」。その貢献感が人生を幸せにします。そのためには自分と他者を勇気づけることがカギを握ります。

### よい人生とは？

**共同体に貢献すること**

自分は周りに貢献していて、
周りから必要とされている

支える

**自分への勇気づけ**
（▶P.244）

**他者への勇気づけ**
（▶P.246）

## ライフタスクから逃げない

私たちには人生で直面する課題があります（ライフタスク）。つまり仕事仲間、身近な友だちや地域住民、そして家族という三つの人間関係への貢献感が、人生を幸せにするカギだとアドラーは述べています。

自分の幸福のためだけに結婚するのではなく、間接的には社会の益になるよう結婚するのである（『個人心理学講義』）

# 共同体感覚を身につける習慣

## アドラー心理学の目指すところ

アドラー心理学で、個人が幸福になるために、いきつくところにあるのが**共同体感覚**（▼P.60）です。職場や家庭、地域などにおいて、周りと結びついているという感覚です。

それには、所属している仲間のなかで**共通感覚**（コモンセンス▼P.108）を持つようにします。私的論理を展開せず、周りの人に関心を持って接するのです。そして周りを信頼し、貢献しましょう。

すると、全体の一部になる感覚を得ることができます。これが共同体感覚です。そのときあなたは、共同体のなかで有用な人間になり、自分の人生に、意味を感じているはずです。

## 完ぺきより向上を求めよう

アドラー心理学に基づいた生活を送るのは、とてもむずかしいことです。実践には、人生の半分の年月が必要という話もあります。今すぐ完ぺきに実行するのは無理だと考えましょう。

「あ、また勇気くじきをしちゃったな」

失敗したら、それを認めて軌道修正をすればいいのです。軌道修正を重ねていけば、やがて習慣化しますから。不完全な自分も受け入れ、向上することに力を注ぎましょう。

意識し続けることで、人間関係の悩みは、少しずつなくなっていくはずです。

不完全な自分を
受け入れて
向上を続けよう

心理学用語 【親和】 他者との社会的関係性。この関係が欠けると、孤独感、無価値観、無力感が生じます。他者との人間関係を持とうとする欲求を親和動因と呼びます。

## 人間の幸せは周りとの結びつきから

自分本位にならず、自分の周囲の人間に関心を持ち、相手を信頼し、貢献することで、周囲との一体感が得られること。これを共同体感覚と呼びます。

人間の幸せは周りとの結びつき、共同体感覚で得られます。
絆
絆
絆
絆
親戚
家族
友だち
仕事関係

## できることをして生きよう

アドラー心理学は「大切なことは、何が与えられているかではなく、与えられているものをどう使うかだ」という使用の心理学です。「できないから何もしない」ではなく、できることをしようと考え、できることから着手し、課題の解決に取り組む姿勢を保ち続けること。それが生きる喜び、よりよく生きることにつながることを教えてくれます。

今日は
たくさん
感謝しよう！
ありがとう！

アドラーの名言

われわれはダンスを過小評価すべきだとは思わない。ダンスは、二人の人が共同の仕事に参加する遊びである（『人生の意味の心理学（下）』）

## ●は行



## ●ま行



## ●や行



## ●ら行



## ●わ行

## ●さ行



## ●た行



## ●な行

# さくいん

## 参考文献（50音順）


『アドラー　人生を生き抜く心理学』岸見一郎（著）／NHK 出版

『アドラー心理学入門　よりよい人間関係のために』
岸見一郎（著）／KK ベストセラーズ

『アドラーの思い出』G.J. マナスター、G. ペインター、D. ドイッチュ、
B.J. オーバーホルト（編）、柿内邦博、井原文子、野田俊作（訳）／創元社

『人間関係が楽になるアドラーの教え』岩井俊憲（著）／大和書房

『初めてのアドラー心理学』
アン・フーパー、ジェレミー・ホルフォード（著）、鈴木義也（訳）／一光社


## 引用文献

※本書に掲載しているアドラーの名言は、以下の書籍から引用しています。


『子どもの教育』アルフレッド・アドラー（著）、岸見一郎（訳）／アルテ

『性格の心理学』アルフレッド・アドラー（著）、岸見一郎（訳）／アルテ

『教育困難な子供たち』アルフレッド・アドラー（著）、岸見一郎（訳）／アルテ

『個人心理学講義　生きることの科学』
アルフレッド・アドラー（著）、岸見一郎（訳）／アルテ

『人生の意味の心理学（上）』
アルフレッド・アドラー（著）、岸見一郎（訳）／アルテ

『人生の意味の心理学（下）』
アルフレッド・アドラー（著）、岸見一郎（訳）／アルテ

## ● 監修者

### 八巻 秀 （やまき・しゅう）

1963年、岩手県生まれ。臨床心理士。「やまき心理臨床オフィス」代表。駒澤大学文学部心理学科教授。東京理科大学理学部卒業後、数学教師となるが、のちに臨床心理学の実践と研究に転じ、駒澤大学大学院人文科学研究科心理学専攻修了。

現在、同大学大学院にて臨床心理士養成に携わる一方、「やまき心理臨床オフィス」や「駒澤大学コミュニティ・ケアセンター」などで、心理臨床活動を行っている。『いつもこころに休日を―家族と自分を見つめる心理カウンセリング54』（成美堂）、『心といのちの処方箋』（秋田魁新報社）、『アドラー臨床心理学入門』（アルテ）などの共著がある。



## ● スタッフ

編集協力／株式会社スリーシーズン

デザイン・DTP／Zapp！（長澤貴之）

漫画・イラスト／七輝翼

執筆協力／入澤宣幸、木村敦美

編集担当／ナツメ出版企画株式会社（田丸智子）





**アドラー心理学《しんりがく》**

――人生《じんせい》を変《か》える思考《しこう》スイッチの切《き》り替《か》え方《かた》――

2015年 7月 9日 初版発行
2022年 1月 1日 第21刷発行

監修者 八巻 秀《やまき しゅう》
発行者 田村正隆





発行所 株式会社ナツメ社
東京都千代田区神田神保町 1-52 ナツメ社ビル 1F（〒101-0051）
電話 03（3291）1257（代表） FAX 03（3291）5761
振替 00130-1-58661

制作 ナツメ出版企画株式会社
東京都千代田区神田神保町 1-52 ナツメ社ビル 3F（〒101-0051）
電話 03（3295）3921（代表）

印刷所 ラン印刷社

ISBN978-4-8163-5853-1
Printed in Japan